アナリシス・アイ

サッカーの面白い戦術分析の方法、教えます

らいかーると
Rijkaard

小学館新書

はじめに

サッカーにおいて、最も大事なことはなんだと思いますか？　多くの人にとって、それは「結果」です。サッカーというゲームは、試合終了までに相手のゴールにたくさんボールを入れたほうが勝利するルールとなっています。両チームともに、ゲームの勝利を目的とすることが大前提であり、これが崩れてしまうと、サッカーというゲームが成り立ちません。目的はあくまで勝つためであり、ボールを保持するためでも、ドリブルするためでもありません。

そんな当たり前のことを言うな！　と思われるかもしれませんが、私が身を置いているアマチュアのサッカーの世界には、「次に試合をした時にどっちが上手くなったか」を競い合うゲームとして、サッカーを定義している人がいます。以前に試合をした時は10回試合をして1回勝てるかどうかだったけれど、今は10回試合をしたら3回は勝てそうな内容になった。ならば良し！　というわけです。

　それは、プロの世界ほど結果を求められない世界の話だろ！　と思われる方もいるかもしれません。しかし私は、これはプロでも応用ができる話だと考えています。自分のチーム、応援しているチームが負け続きの時、勝つ可能性が上がったこと、つまり、チームや選手が成長したことを、我々はどうしても見過ごしがちになってしまいます。でも、それはもったいないと思いませんか？

　私が指導していた小学生のチームでも、こんなことがありました。ある日、近隣のチームに突如として黄金世代が現れました。彼ら相手に、我々は最初のうちは大差で負けていました。それでも練習を積み重ねることで、試合の中でできることを増やしていき、4〜5年生になった時には僅差で負けるようになります。結果だけを見るとまだ「負け」ですが、明らかに我が軍の上達のほうが目立っていました。最終的には、6年生の時にしっかりと勝ち、「結果」もついてきたのです。

　大差でゲームに負けていた時のサッカーの内容は、肉でも魚でもなかったことはいうまでもありません。しかし徐々に、10回やったら3回くらいは勝てるんじゃないの？　という内容になっていったことは、チームにとっては素晴らしいことです。このような状況の時、指導者の仕事として一番大事なのは、ゲームに負けて切ない気持ちになっている選手たちに、試合の内容がどのように改善されてきているかをしっかりと認識させ、手応えを感じさせることでした。

世界中のサッカー選手は正しく評価されたがっています。スコアや時間、ピッチの状況が目まぐるしく変化していく中で、多くのことを視野に入れて、選手は懸命にプレーしています。その気持ちに寄り添うことができるかどうかは、指導者やサポーターの醍醐味ではないでしょうか。試合結果にかかわらず、できたこと、できなかったこと、チャレンジしたことを整理してあげることが、支える側にとって大事なことなのではないでしょうか？　そして最後に、「このゲームは楽しかったか？」と聞けば、「自分は孤独ではないんだ」と選手に感じてもらえるかもしれません。

また一方で、世界中の監督も正しく評価されたがっています。そのためには、どのようにプレーするかというチームの設計図、相手に対応するプラン、試合の流れを変えるための采配などを、結果には引っ張られすぎずに「分析」する必要があります。「試合に勝ったけれど、相手の狙いを消しきれてはいなかったよね？」とか、「試合に負けたけれど、相手の良さを消し、自分たちの狙いを出せてはいたよね！」と判断することができるかが、監督を正しく評価することに繋がっていきます。

サッカーを分析し、ピッチで起きていることを理解していく上で、結果は邪魔な要素であることが往々にしてあります。ピッチで起きていることの正解、不正解を、結果というフィルターを通じて判断してしまうことは、プロの世界でも頻繁に起きてしまっています。まあ、それだけ結果はサッカーにとって大きな存在である証拠なのですが。

しかし、サッカーは足で行うゲームであり、ロースコアになる性質を持っています。そのため、サッカーの試合は偶然性、不確実性に大きく左右されます。結果を左右するゴールは、狙い通りに決まる時よりも、思ってもみなかった形によって決まる時のほうが多いかもしれません。逆に、ゴール前1メートルから無人のゴールに打った、入るはずだったシュートが決まらない、なんてことも頻繁に起こります。そして、そういう試合では困った時のセットプレーでのみゴールが生まれる、なんてことも世界中でよく起こっています。

試合の結果を最も左右するゴールが、偶然性を持って決まることが多いとなると、サッカーの分析というのは、ある意味で困難極まりない作業といえるかもしれません。

勝ちに不思議の勝ちあり、負けに不思議の負けなしという名言にもあるように、なんでこの試合に勝てたのだろうか？　という試合がサッカーにはたくさんあります。不思議な勝利を手に入れた時に、結果が出たから良かったんや！　と考えるのは果たして正しいでしょうか。また、結果が出なかったからといっても、次にやれば勝てる！　という内容を捨ててしまうことは正しい行いでしょうか。いや、正しいわけはありません。結果というバイアスなしに試合の内容を分析するためには、ピッチで起きている現象を先入観なく観察していく必要があります。

私はそんなことを考えつつ、２００６年のワールドカップの後から、サッカーの試合の分析レポートをブログで延々と書き続けていました。そのうちに雑誌やネットメディアに記事を書かせてもらうようになり、人に会う機会が増えてくると、日本のサッカー界で活躍している人たちに「ブログを通じて、試合の答え合わせをして勉強していました」と、ありがたきお言葉をいただく機会が増えてきました。そして、多くの人にこんなことを何度も聞かれました。

「らいかーるとさんのような『分析眼』を身につけるためには、どうすればいいですか？」

それを聞いた私は、ブログをやっててよかった！　という想いとともに、もしも役に立つならば、私のサッカーの「分析眼＝アナリシス・アイ」なるものをまとめてみようと思い立ちました。

つまり、私のサッカーの観察方法を多少のヒントとして提供し、ピッチで起きている事象を皆様なりに解釈することで、サッカーをより楽しんでもらう一助になればいいなと考えたのです。

SNSの発展のおかげで、最近はサッカーのマッチレポを書く人が増えてきました。プロの人が見ても参考になるような動画を交えた分析をあげる人まで出てきています。サッカーの楽しみ方の一つとして、「試合を分析する」という選択肢がトレンドになってきました。この流れが、あくまで一つの選択肢としてではありつつもスタンダードなものになることは、日本のサッカー文化の発展に欠かせないことであると考えています。

サポートしているチームが正しい方向に進んでいるか否かを把握できれば、サポーターが監視者として機能します。チームを運営する人たちもごまかしが利かなくなります。結果が出ているから良いよね！　ではなく、そのチームが良いとされている理由をピッチで起きていることからわかるようになっていけば、日本は間違いなくサッカーの強豪国になると思います。

「分析」の積み重ねが、サッカーで最も大事な「結果」を継続的に手に入れる一番の方法となります。本書では、ピッチで起きていることをどのように理解し、整理していくかを、具体例を交えて徒然と書いていきます。

アナリシス・アイ　サッカーの面白い戦術分析の方法、教えます

目次

※選手、監督の所属チームは2019年5月12日時点のものです。

第1章

サッカー再考
～「時間」「スペース」「配置」「選手」～

具体的な分析方法の前に、まずサッカーというゲームの本質について、改めて考えていこうと思います。「眼」を使う前の頭の中の整理のようなものです。

子供の時の記憶というのは面白いもので、なんでこんなことを覚えているんだろう、と不思議になるような、些細なことばかり頭に残っています。昔、プレミアリーグのハイライトを見ていた時、とある選手が華麗なボレーシュートを決めました。解説者いわく「プレミアリーグの試合で、そばに相手がいない状態でゴール前でシュートを打てるとは、なんて幸運なんでしょう」と。誰がどの試合で決めたゴールかは忘れましたが、この言葉にはサッカーの大事な要素が含まれています。

相手のゴール前でフリー、という状態はサッカー選手にとって非常にラッキーですし、歓迎すべき状況です。そばに相手がいなければ、プレーを焦る必要もないので、ゆっくりとシュートを打つ時間があります。つまり、プレーする選手に時間とスペースがあれば、選手はなんでもできます。なので、我々指導者は選手に時間とスペースを与えるために、様々な策を実行します。

さて、結論からいえば、サッカーは「時間」と「スペース」を奪い合い、ゴールを決めるゲームです。そして、その「時間」と「スペース」を手に入れるための手段が、「選手」と「配置」です。

それぞれの要素について、順を追って見ていきましょう。

「時間」：サッカーは「認知」でする

サッカーで「時間」といえば、90分の試合時間のことが思い浮かぶかもしれません。もう時間がない！　と負けているチームが焦ることは、世界各地で見られるサッカーの光景なのではないでしょうか。もちろん、サッカーを分析していく上で、残り時間も重要な要素です。しかし、ここでいう時間とは、「プレーができる時間」のことを指します。もう少し詳しくいうなら、「周りの状況から判断して最適なプレーを実行するための時間」となるでしょう。

試合中のこんな場面を思い浮かべてください。バックパスを受けたGK《ゴールキーパー》がいます。

相手がボールを奪いに来なければ、ボールを保持するGKにはプレーができる時間があります。周りの状況をゆっくり観察し、最適なプレーをゆっくりと判断してプレーを実行するでしょう。

次に、GKからCB《センターバック》の選手がボールを受けます。CBがボールを受けて顔を上げると、相手がボールを奪おうと、ものすごいスピードで迫ってきています。相手をドリブルでかわす！　なんてリスクがCBに許容されることはほとんどありません。よって、相手が自分のいる場所に到達するまでに、ボールを受けたCBはボールを離さなければいけません。先ほどのGKと比べると、相手がそばに来るまで、という制限付きの時間の中でのプレーを余儀なくされています。

さらにプレーは進んで、CBからCF《センターフォワード》の選手になんとかパスが出されました。しかし、CFの周りには相手がたくさんいます。ボールは渡ったものの、CFの選手は周りを見る余裕もなく、ボールを奪われてしまいました。つまり、CFの選手にはプレーができる時間がなかったということです。【図1-1】

ここからわかるのは、「プレーができる時間」を決める要因の一つは、「相手から受ける

図1－1
時間

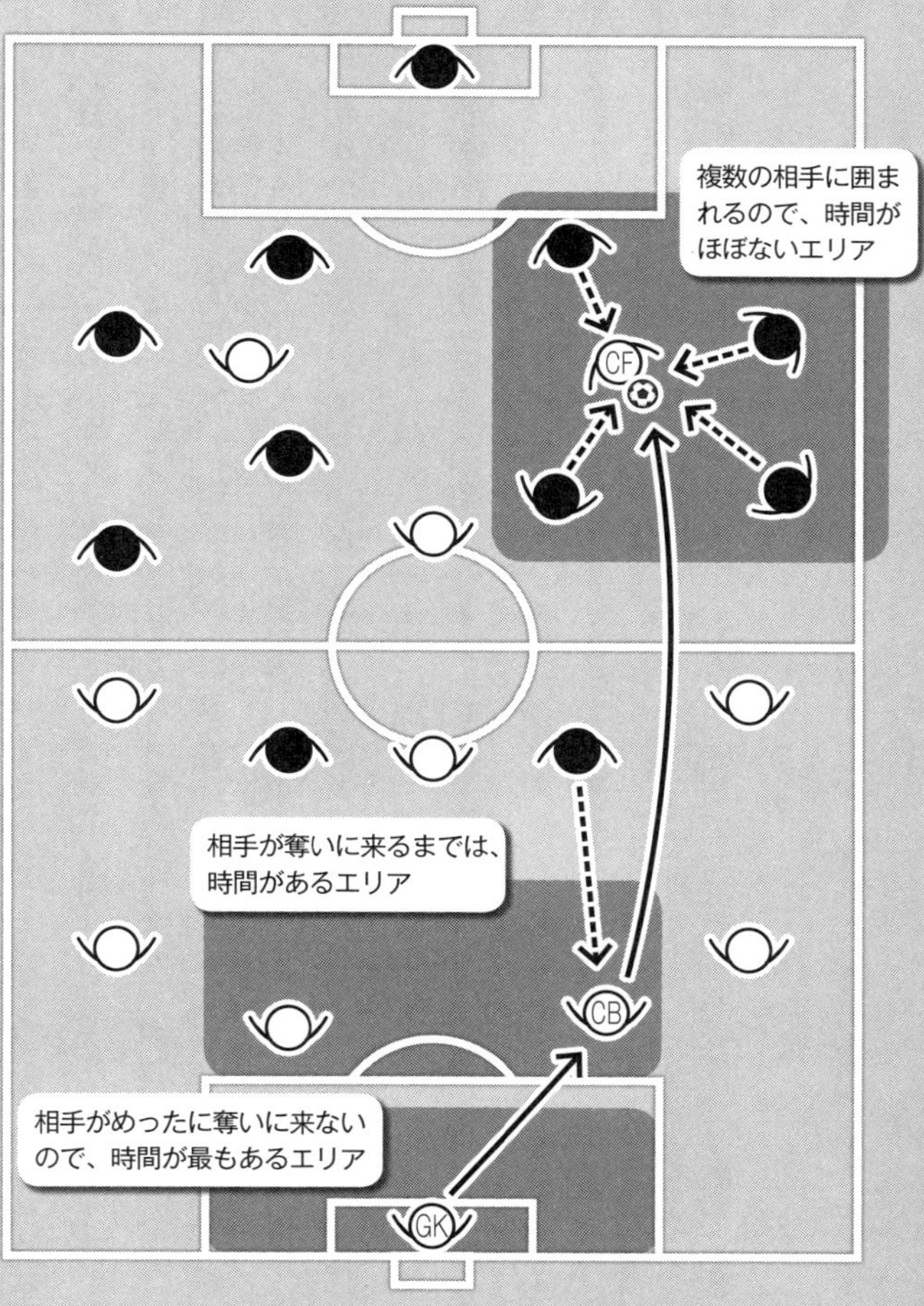

・相手陣地に近づけば近づくほど、プレーができる時間は減っていく。

ストレス」にあるということです。先の例で見たように、ボールを受けた選手のそばに相手がいればいるほど、プレーができる時間はありません。選手は、見て判断して実行して、というプロセスでプレーしています。相手がボールを奪いに来なければ、ゆっくりとそのプロセスをたどれます。しかし、相手がボールを奪いに来れば、思考の時間は制限されます。また、そもそも相手がそばにいる状態では、時間があるとはいえません。

ただ、相手から受けるストレスのみで時間が制限されるわけではありません。そばにいる相手や猛スピードのプレッシングに対して、ストレスを感じる度合いは個々の選手によって異なります。さらにいえば、相手のボールを奪う能力と、自分のボールを守り、突破する能力とも関係します。ボールを持っている選手は、相手から受けるストレスと自分の力量を考えて、この距離ならプレーができる時間がある、この時間だったらこのプレーはできる、などと常に判断をしています。

つまり、「プレーができる時間」を決めるのは、「相手と自分の関係性」であり、奪い合う時間の正体は、「考える時間」ということができます。

さて、今まで見てきたことは、ボール保持者がプレーするための時間でした。しかし、

90分のうちで個々の選手がボールを触っている時間は、わずか3分ほどといわれています。残りの87分で考えていること、つまりボールを保持していない状況での考える時間についてもう少し見ていきましょう。

例えば、ボールを持っていない側のチームの選手は、一体何を考えているでしょうか。彼らは、ボール保持者の周りの雰囲気、自分の担当するマークの選手の様子、次はどこにボールが行くか、などと予測を常に行っています。相手がゆっくりとボールを動かし、ボールを受ける選手も所定の位置から移動をしない場合は、ボール非保持側に思考の時間があるといえます。なぜなら、自分のマークすべき対象が変わらず、ボールがゆっくりと移動するだけならば、自分のプレーを変える必要がないからです。よって、新たな状況に対応するために何かを考える必要もない状況なので、「時間はある」ということができます。この状況は、ボール保持側にとっては好ましい状況ではありません。ゴールを奪うことはかなり難しいでしょう。

それでは、ボール非保持側の時間を奪うために、ボール保持側は何をすればいいでしょうか。待ち構える相手に対して、「新たに発生した問題をどのように解決すべきか」と考える状況に追い込めばいいのです。そのためには、ボール非保持側のルールを利用します。ボール非保持側は常に、ボールの位置を基準に選手の配置を決定し、相手の能力と自分の能力を見極めながら、相手との距離を設定しています。

例えば、先ほどのケースとは逆に、ボールの位置が頻繁に変更されるようだと、ボール非保持側の思考はどうなるでしょう。ワンタッチの連続のような素早いパス交換をボール保持側がしてきた時は、非保持側の思考の時間はかなり削られます。基準となるボールの位置が次から次へと変わる展開に対応して、自分のマークすべき対象、いるべき場所をその都度判断しなければならないからです。特に、長い距離のパスをされると、その分長い距離を移動しながら自分のいるべきポジションを判断しなければなりません。この判断を何度も何度も強いられると、ボール非保持側の思考時間は奪われ、疲労はどんどん溜まっていきます。

思考の時間がない状況は、他にどんな場合があるでしょうか。試合の終盤において、ボールが相手と味方の間を行ったり来たりするような、無秩序な状態の試合を見かけることがよくあります。この場合は、ボール保持と非保持が頻繁に入れ替わり、その都度、個々の選手のやるべきことが大幅に変わります。よって、ゆっくりと考えている時間はなく、瞬時の判断を常に要求される状態であるといえます。

試合終盤に限らず、カウンターの打ち合いのような試合も時間がありません。あえて、ボールが行ったり来たりするような状況に持ち込もうとするチームもあります。計算された状態でのプレーを許さず、カオスな状況でもしっかりとプレーできるように準備してきました！　というチームです。自分たちがボールを保持する時間に執着することなく、どんどん相手のゴール前にボールを送り、ボールを奪われてもすぐに奪い返して、またゴール前にボールを送り込むようなサッカーを志向する、ブンデスリーガのＲＢライプツィヒがそれにあたります。

「スペース」：空間の支配力

「考える時間」が大切だとわかったところで、次は「スペース」について考えていきましょう。日本語に翻訳すると、スペースは空間となります。サッカーにおいてスペースという単語は、「スペースがある、ない」という文脈で使われています。一度は聞いたことがあるでしょう。

「スペースがある」とは、単に広大な空間があることではありません。「空間がある」と、「そこでプレーができる」、という2つの意味があります。

例えば、ボール非保持側がディフェンスラインを上げてプレッシングをかける場合、そのチームのディフェンスラインとGKの間には広大なスペースができます。このエリアを利用できるかどうかはさておき、事実としてスペースができます。

一方で、日本代表MF香川真司のように狭い空間でも平気でプレーできてしまう選手もいます。この場合は、一般的にはスペースがないけれど、香川にとってはプレーができるスペースがあるということができます。

つまり、「スペースがある」とは、厳密にいうなら、「プレーが可能な空間がある」ということを意味しています。【図1-2】

選手にスペースがあるかないかを見極めるためには、その選手から最も近い選手、もしくはボールを奪いに来る選手との距離が基準となります。つまり、相手との物理的な距離

図1－2

スペース

広い空間だが、オフサイドエリアでもある。有効活用できれば一気にチャンス
ボールをよこせ！
狭い空間だが、受け手によってはプレーができるので、スペースがあるといえる

が、スペースのありなしを調べる物差しとなります。選手でなく、特定の場所にスペースがあるかないかを見極める時も、その場所から最も近い選手との距離を見ます。

ある選手と相手との距離が、時間を得る上で大切な要素だということは先ほど確認しました。つまり、相手との距離が離れていればいるほど、その選手の周りには「時間とスペース」があるといえます。一般に、相手の選手が周りにいない状態の選手を「フリー」と呼びますが、厳密に定義するなら、フリーな選手は「時間とスペース」を手にしている選手といえます。

時間とスペースがあれば、ボール保持側は様々な策を実行することができます。要するに、なんでもできます。よって、時間とスペースを手に入れるためにチームとしての戦術を考えることが、ゴールを奪い、試合に勝利することに繋がるのです。

また、サッカーが上手い選手の定義も、時間とスペースを使えば簡単に説明ができます。独力で時間とスペースを生み出せる選手、周りの選手に時間とスペースを与えられる選手や、チームが手にした時間とスペースを無駄にしない選手が、上手い選手なのです。

ここまで、ボールを持っている選手と相手との距離が、時間とスペースに大きな関係があることを見てきました。よってボール非保持側は時間とスペースをなくすために、相手との距離を狭めてボール保持に対抗しようとします。

例えば、ボールが転がっている間にできるだけ相手に近づくことで、相手の時間をなくそうとする策があります。選手間の距離を取って時間を得ようとする相手の狙いを、自分のスピードによって無効化する策です。ロンドン・オリンピックで日本代表の永井謙佑の想定外のスピードによるプレッシングが世界を驚愕させていたことは、今でも覚えています。

また、ボール非保持側が選手同士の距離を圧縮して、相手が使いたい場所に自軍の選手をたくさん配置することでスペースを狭くしようとする作戦は、スタンダードになってきています。2018年シーズンのJ2町田ゼルビアの4－4－2やスペインのディエゴ・シメオネ監督のアトレティコ・マドリーの4－4－2などが代表的です。【図1－3】

もちろん、ピッチを狭く守ると、必然的に捨てるスペースも出てきます。自陣に撤退する配置は相手陣地でのプレッシングを諦めていますし、ボールサイドに極端に偏るような配置は、逆サイドのスペースを捨てることに繋がります。しかし、相手はそこで時間もスペースも得ることはできますが、あらかじめ捨てているスペースでボールを持たれても問題が起きないように、組織された配置で迎え撃つようになっています。

この場合、ボールを保持しているチームは非保持側の移動スピードを無力化するために、ボールのパススピードを速くし、また、正確にボールをトラップすることで、プレーごとの時間損失を減らそうと画策します。つまり、「蹴る、止める」に徹底的に取り組むことによって、自分たちのプレースピードを上げよう！　とする作戦です。原始的な方法ですが、風間八宏監督指揮下の川崎フロンターレと名古屋グランパスでフィーバーしてきました。

もしくは、相手の捨てているエリアから効果的な攻撃をできるように準備をするチームもいます。例えば、最終ラインから質の高いロングボールを連打したり、相手が捨てている、ボールサイドでないスペースに、ドリブルで状況を打開する選手を配置したりします。その結果、相手同士の距離を広げざるを得ない状況、つまり、捨てていたスペースにも選手を配置しなければならない状況を作り、自分たちはあらゆるエリア（外でも中でも）で

図1－3

ボールサイドに偏る配置

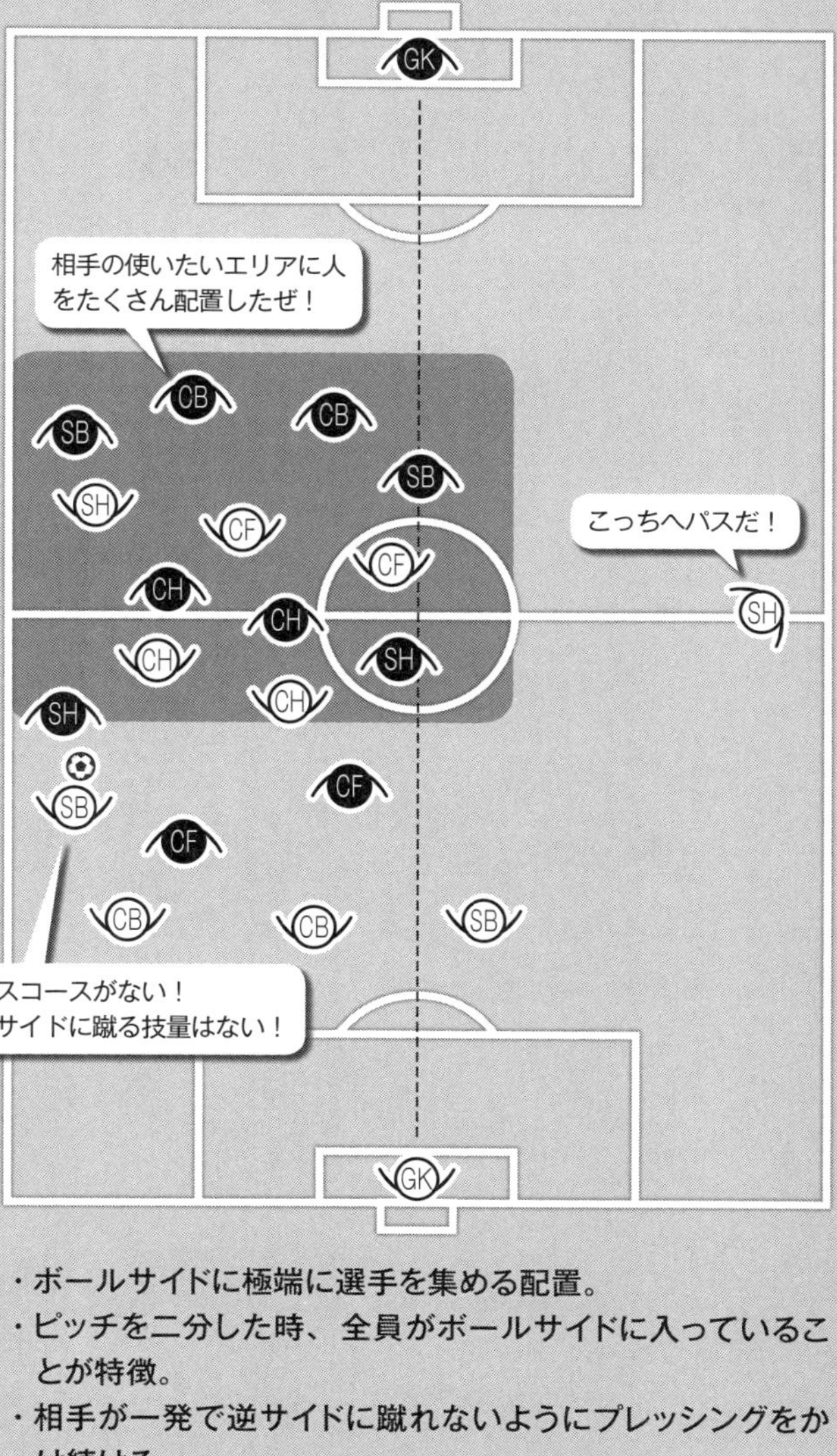

・ボールサイドに極端に選手を集める配置。
・ピッチを二分した時、全員がボールサイドに入っていることが特徴。
・相手が一発で逆サイドに蹴れないようにプレッシングをかけ続ける。

時間を手に入れるように画策していきます。

このように、ゴールを目指す、守る上で、両チームが「時間とスペース」をめぐって争い続けるのが、サッカーというゲームです。ボール保持側は、自分たちのプレーによって相手を動かし、相手の守りのルールを破壊することで、相手陣地での時間とスペースを手に入れようとします。ボール非保持側は、相手が使えるスペースを狭くしたり、ボールを奪いに行く時に迷わないように、誰が誰にプレッシングをかけるかを明確にしたりすることで、相手から時間とスペースを奪います。

そして、その際に重要になってくるのは、どのような「選手」たちを、どのように「配置」するのかという考えです。

「配置」：戦術的振る舞い

選手の「配置」は一般的に「システム」と呼ばれることが多いのですが、「システム」

という言葉は多義的です。例えば、その試合の狙い、チームがどのようにプレーするかを示した設計図を「システム」と呼ぶこともできます。よって本書では、「システム」ではなく、「配置」という言葉をメインで使用します。「フォーメーション」という言葉をイメージしていただければ良いかと思いますし、本書でも「配置」と同義として使用します。完全に余談ですが、昔『スーパーフォーメーションサッカー』というゲームがあったことを覚えている人とは、仲良くなれそうな気がします。

さて、配置において大事なのは、お互いのチームの配置を作戦ボードなどに図示して、どのように相手の配置と噛み合っているかをチェックすることです。「噛み合わせ」によって発生する数的不利、数的同数、数的優位を試合前に理解しておくことはとても重要です。試合分析においては、噛み合わせによって発生する長所や短所を、お互いのチームがどのようにニュートラルな状況にするのか、それとも放ったらかしにするのかを把握することが大事です。よって配置は、ゲームが始まった時に最初にチェックするポイントでもあります。噛み合わせによって何が起こりそうかを事前に予測しておくことで分析がしやすくなりますので、注目してみてください。【図1―4】

時間とスペースを得るため、チームは「配置」で何ができるのでしょうか。ちなみに私は、選手のポジショニングで相手を混乱に落とし込んで時間とスペースを得る作戦を「配置で殴る」と表現しています。

ボールを保持しているチームに対して、ボールを保持していないチームはプレッシングの準備をしますが、ボール非保持側で大切な概念が「守備の基準点」です。「守備の基準点」とは、ボール非保持側の選手が担当するマーク相手のことです。言い換えるなら、「この選手にボールが入ったら俺がボールを奪いに行く！」という決まりごとになります。どのような守備のルールでも、マークすべき相手は存在します。

誰をマークすべきかよくわからないよ！　という選手は、守備の基準点が定まっていない選手といえますし、非保持側にとっては問題です。ならば、ボール保持側が選手の配置の噛み合わせによって相手の守備の基準点を乱すことができれば、相手はどうしてもボール保持者に対するプレッシングが遅くなってしまいます。誰がプレッシングに行くかをそのたびに判断しなければいけないからです。

このように相手の守備の基準点が定まっていない時、ボール保持側はパスを受けてから

図1－4

3-4-3（白）と4-4-2（黒）の噛み合わせ

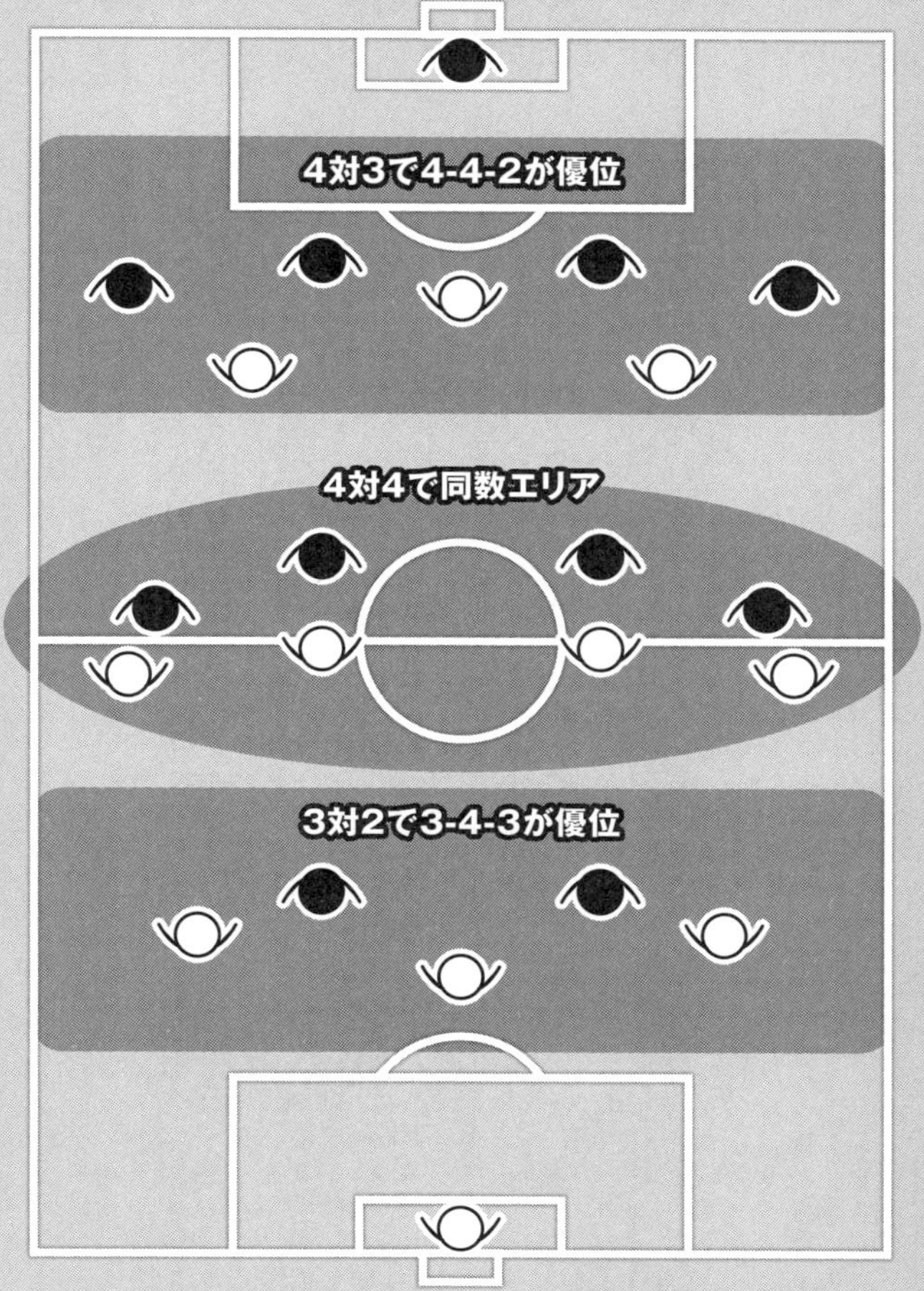

・優位エリアからの時間とスペースを、同数エリアに繋げるかが勝負。

相手が来るまでの時間をより稼ぐことができます。このような状況を作るのが「配置で殴る」作戦です。

そのような時、逆にボール非保持側は対抗策として、改めて守備の基準点をはっきりさせる必要があります。そのためには、誰が誰のマークを担当するかをはっきりさせるように全体の配置を変更したり、ボールサイドでないサイドのエリアを思いっきり捨てて、ボールの周辺に人数を増やしたりする必要があります。なお、相手の配置に合わせて配置を変更することを私は「ポジショナルディフェンス」と呼んでいますが、流行る気配は一向にありません。【図1-5】【図1-6】

ちなみに、最近は選手の配置をボール保持とボール非保持の状態で別々に表記するようになっています。例えば、森保一監督になってからの日本代表ですと、ボール保持の時は4-2-3-1、ボール非保持の時は、トップ下を1列上げて4-4-2のようになっています。

「配置」についてまとめましょう。ボールを保持する時は、フォーメーションの噛み合わせで相手の守備の基準点を乱し、配置の優位性を手に入れることがチームの目的となりま

図1－5

4-1-4-1（白）対4-4-2（黒）

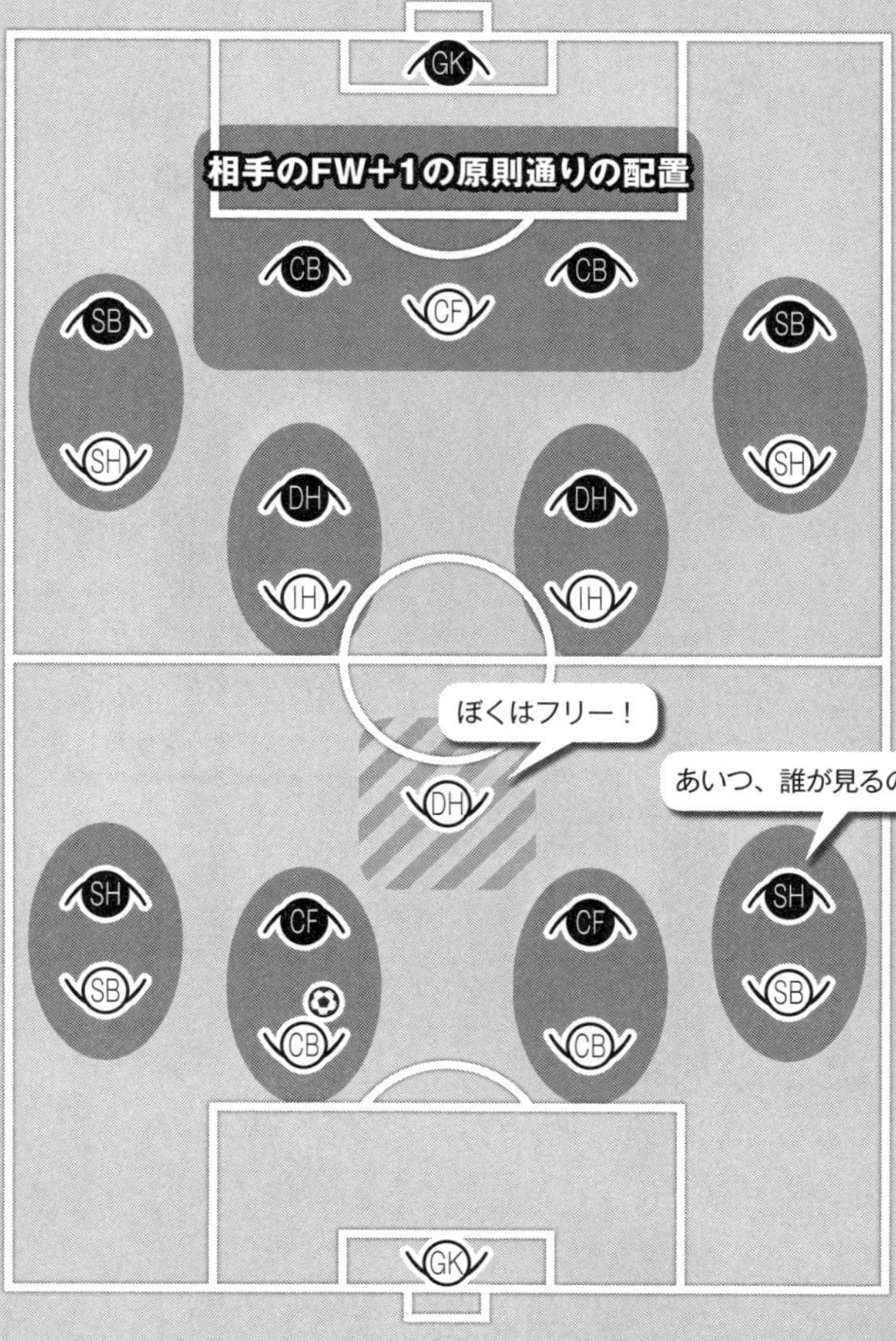

・噛み合わせで守備の基準点が定まらないフリーな選手をどのように止めるか！　ということ。

図1－6

4-1-4-1（白）対4-4-2（黒・変化）

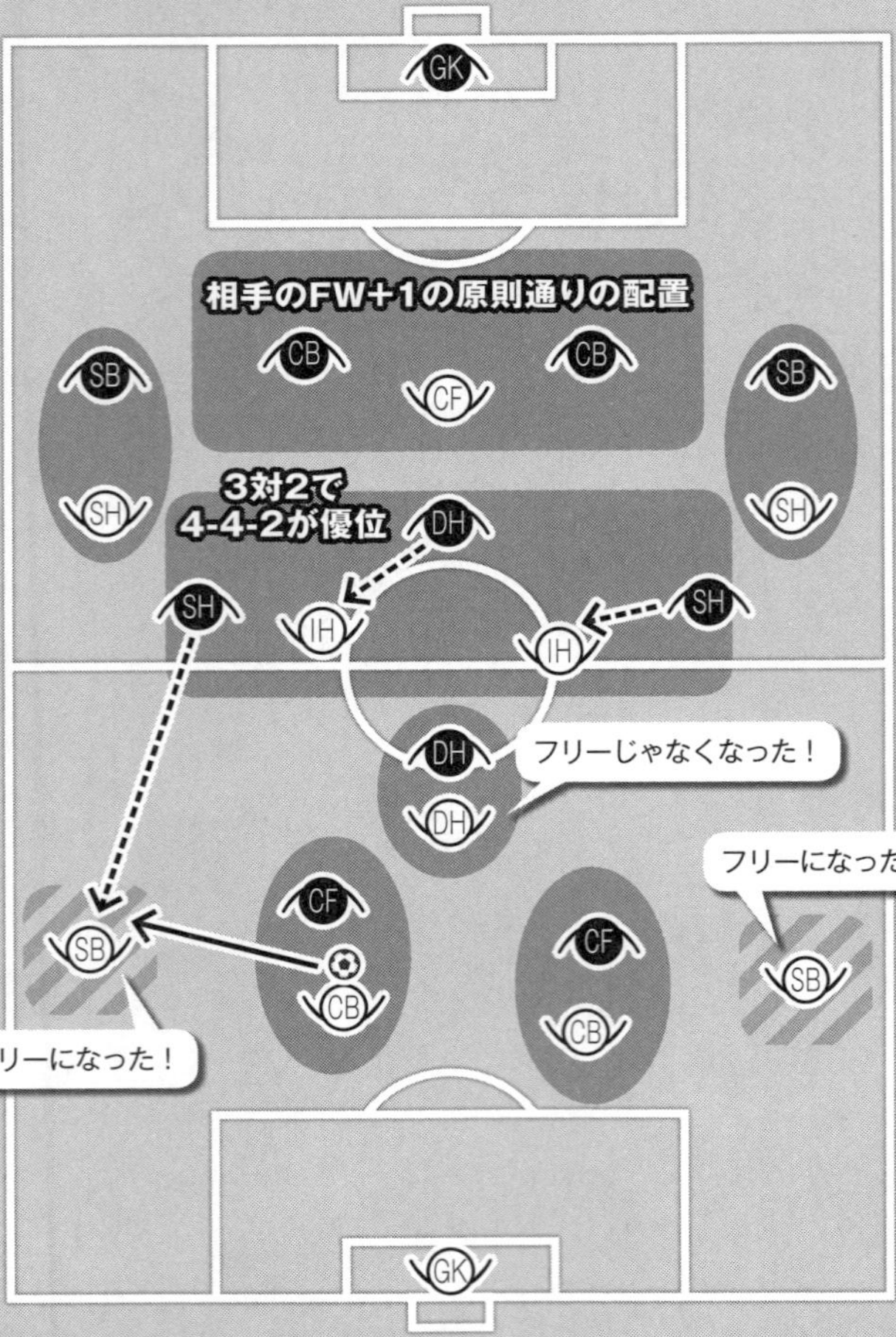

・フリーにする選手を中から外に。

・外にボールが出たら中央優位エリアを活かしてボールを奪いに行く。

す。ボール非保持の時には、相手のボール保持の形に対して迷うことなくプレッシングを行うために、選手の配置を調整します。フォーメーションの噛み合わせで得られる差異を最大限に享受しようとする姿勢が、ボール保持／非保持でフォーメーションが変わるという現代サッカーの状況に繋がっています。

「ゾーン」と「マンマーク」

少し話題はそれますが、守備の基準点という言葉が出てきたので、ボール非保持の作戦について簡単に確認しましょう。大きく分けると、スペースを中心とする「ゾーン作戦」と、人を中心とする「マンマーク作戦」の2つがあります。【図1−7】【図1−8】

「ゾーン作戦」は相手の配置や移動を基準とせず、ボールの位置によって選手の配置が決定される作戦です。ボール保持者の選択肢を削りながら追い込んでいくことが特徴です。ボール保持者にプレッシングをしている選手は、ボール保持者にストレスを与えつつも、

図1－7

ゾーン

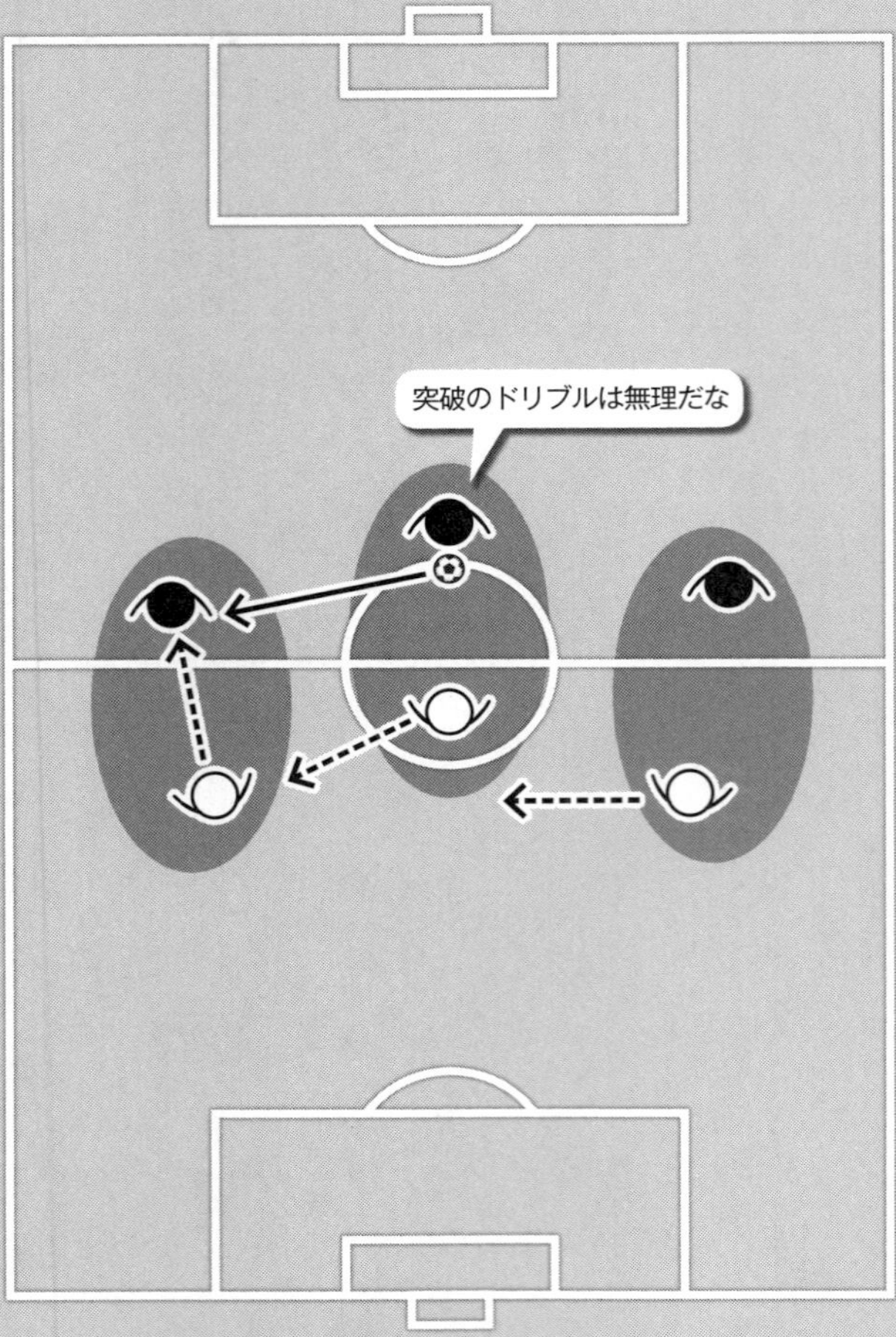

・ボールを基準に配置を決める。
・ボールに近い選手がプレッシングをかけ、隣の選手が斜め後ろに立つ。
・カバーリングがいるので、突破には強い。
・ボールを奪いに行くまでの時間を相手に与えてしまう。

図1－8

マンマーク

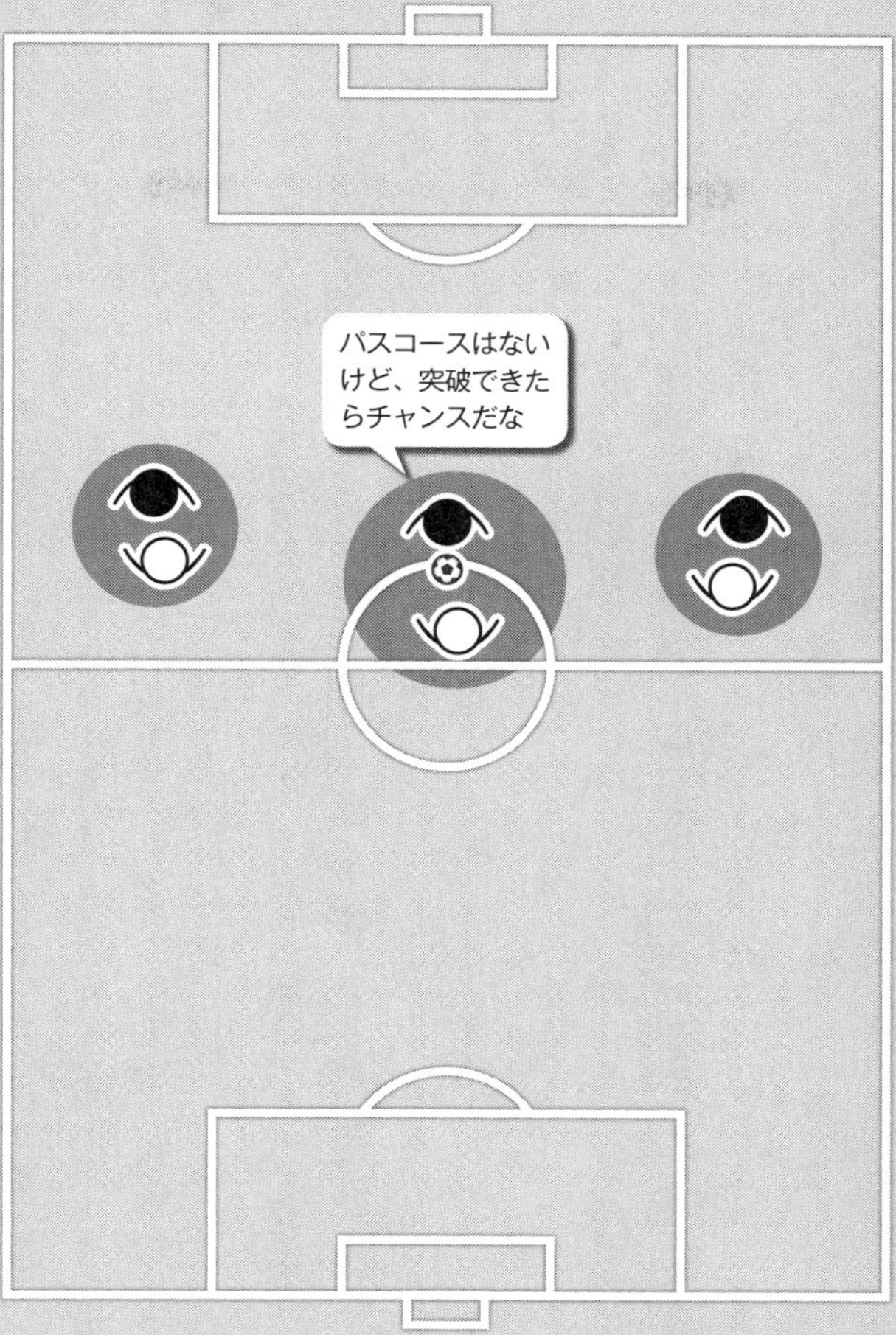

・マークを決めたらどこまでもついていく。
・カバーリングがいないので、突破されたらまずい。
・マークの受け渡しなどがないので、頭は使わない。

絶対に抜かれないようにプレッシングをかける必要があります。ゾーン作戦は相手にあまり基準を置いていないので、ボール保持者に自由を与えると、ビシバシとボールを通されてしまう守り方になります。味方の配置によってパスコースを消すことと、最初にボールを奪いに行く選手のプレッシャーが鍵です。

「マンマーク作戦」は、その名の通り人を守ります。人対人の勝負がピッチの至る所で行われるので、フィジカルと根気の勝負になることが多いです。目の前の相手に集中すればいいだけというシンプルな環境と、相手の配置的な優位性を消せる、有無の言わせなさがマンマークの利点です。ただし、相手の動きに対して長い距離をついていくことになるため、自分たちの配置が相手の配置によって動かされてしまうことが難点です。

現代のサッカーでは、両方の策が混在して行われています。例えば、相手の陣地ではマンマーク、中央エリアではゾーン、ゴール前ではマンマークというように。最近では、ボールサイドではマンマークだけど、ボールサイドでない選手はゾーンというミックスが一般的に行われるようになってきています。両方の作戦のいいとこ取りをしたい！　という思惑が透けて見えてきますね。【図1-9】

図1－9

ゾーンとマンマークのミックス

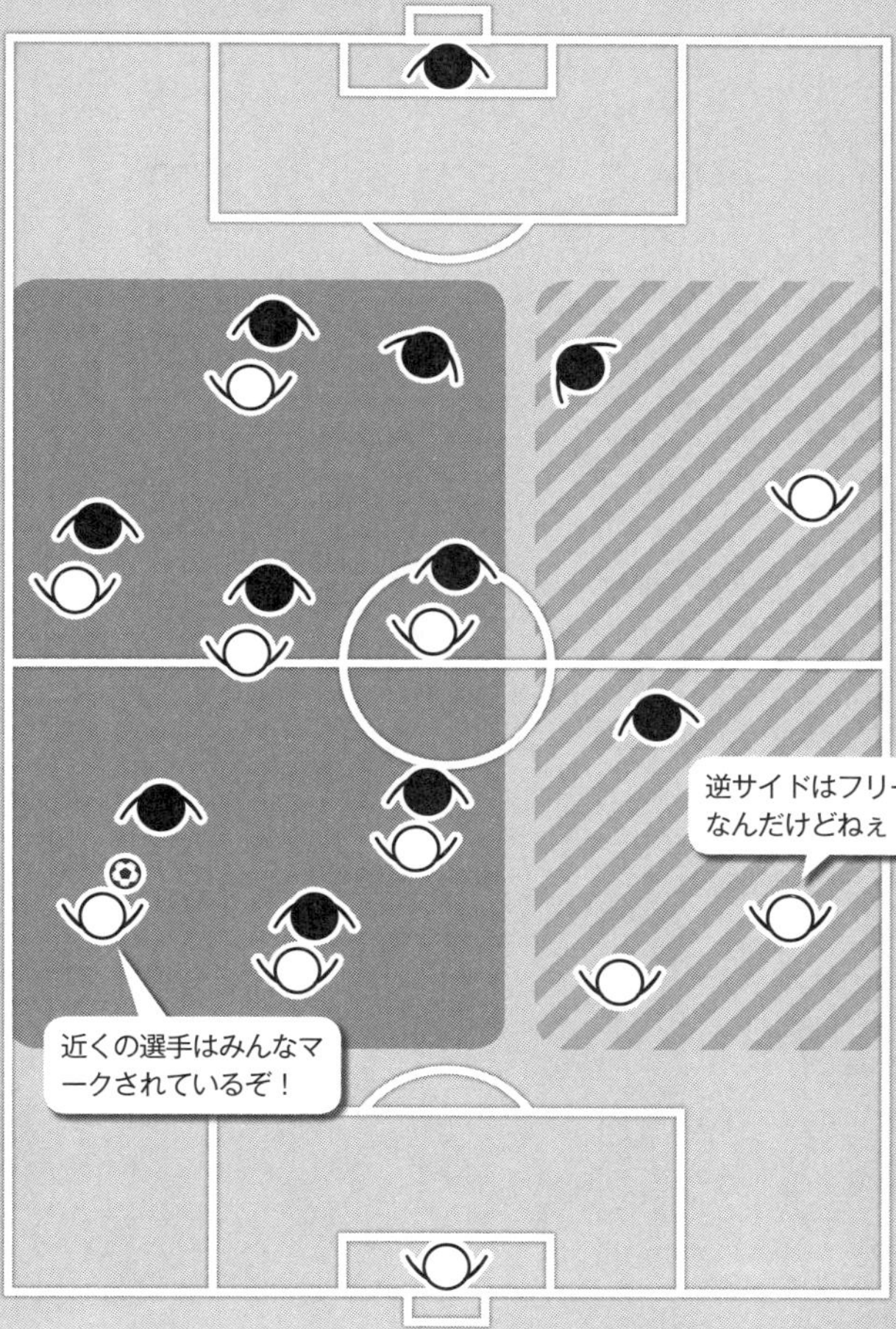

・ボールサイドはマンマーク。
・ボールサイドでないサイドはゾーン。

完全にマンマークというのは廃れてしまいましたが、最近では、相手の配置の隙間で活動する選手を撃退するために、多くのチームが3バック、または5バックにしてマンマークで配置的な優位性を消しにかかる作戦を行っています。相手の配置が厄介だから、もうマンマークにしちゃえよ！　という発想は確かに安易かもしれませんが、流行とともに、リサイクルされそうな概念となっています。

さて、ここまでプレッシングのルールを見てきましたが、元も子もないことを言いたいと思います。せっかく綿密なプレッシングを準備しても、突出した選手には簡単に破壊されてしまう！　ということです。

ゾーン作戦は、ゾーンの隙間、狭いスペースでもプレーできてしまう選手が相手チームにいると、一気に危機的な状況になります。また、ゾーンの中間にポジショニングする選手にも泣かされてしまうことが多いです。選手と選手を結んだ中点にポジショニングすることで、どちらの選手がプレッシングをかけるかを迷わせる「中間ポジション」を取り続けることは、現代のサッカーで必須の、配置における能力といえるでしょう。【図1－10】

図1－10

中間ポジション

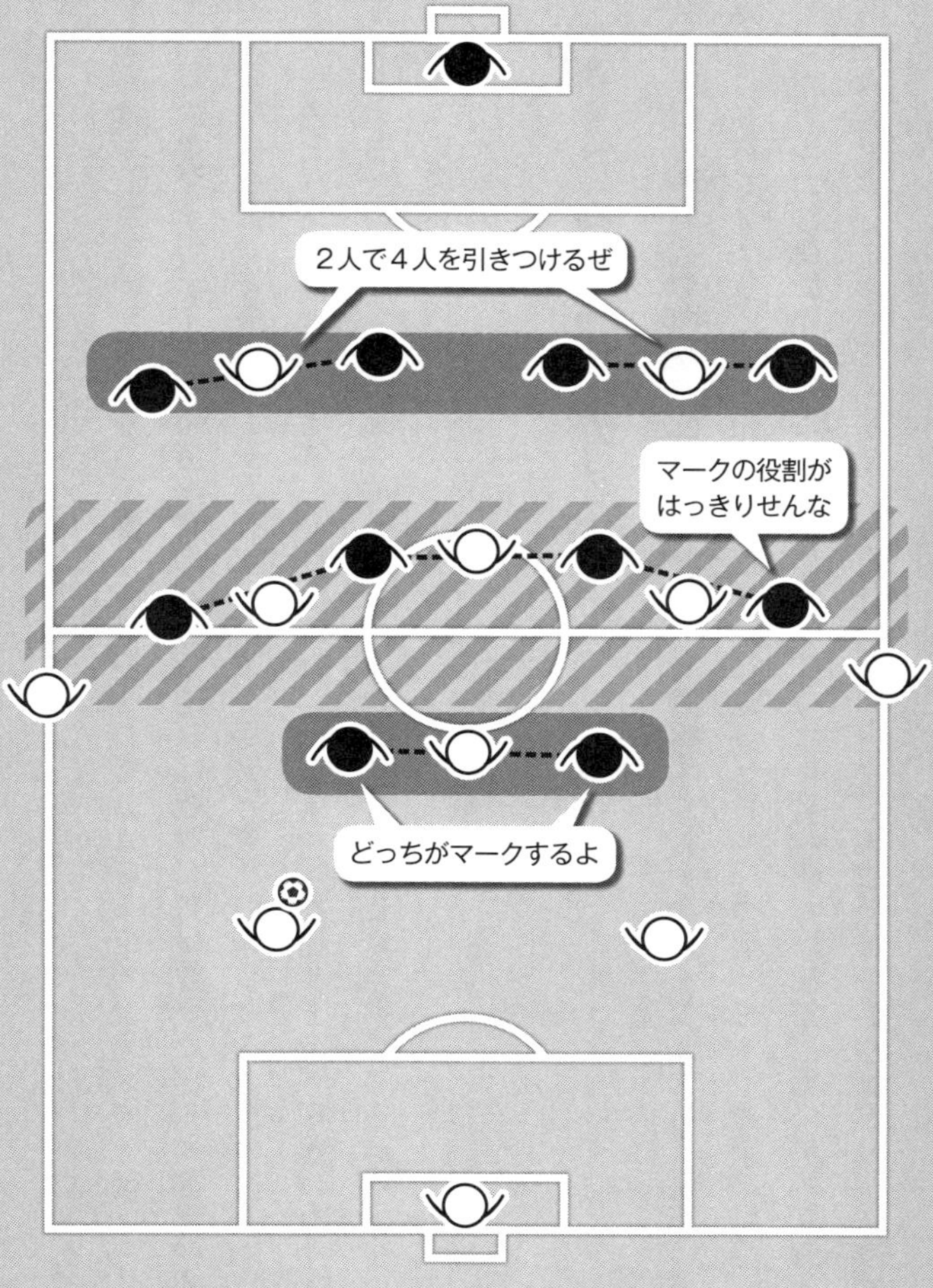

・中間ポジションは、相手同士を結んだ線の中点に立つ。
・相手はどちらがマークをすべきか悩ましくなる。

もっとシンプルな状況になると、ボール保持者が圧倒的に上手く、ドリブルでかわされてしまえば、どちらのルールもあっさりと破壊されてしまいます。ですので、個々の技量は本当に大事です。ボール保持者が目の前の相手には絶対に負けない↓ボール非保持側がカバーリングを強く意識するようになる↓結果、相手を複数引きつける↓他の選手に時間とスペースを与えることができる、という流れが、ボール保持側にとって理想になります。近年におけるプレッシングの発達の裏で、ドリブラーの再評価がされるようになってきた背景は、この流れにあるでしょう。

「選手」：最後は個人が決める

スヌーピーの名言である「配られたカードで勝負するしかないんだ」という言葉は、サッカーにもあてはまります。先ほど見たように、ドリブル一つとっても、選手の特徴、個性がピッチに大きな影響を与えるからです。彼らは将棋の駒ではなく、感情があり個体差のある人間です。よって、選手たちが自分たちの力を最大限発揮できるように、指導者は選手たちをマネージメントする必要があります。ちなみに強いチームは、自分たちのサッカーと心中する覚悟が選手たち全員にある場合が多いです。自分たちのサッカーに疑問を持ちながら選手たちがプレーするのは、なかなかつらい話です。

ここまで「配置」によって「時間」と「スペース」を得る話をしてきましたが、サッカーの世界では、「味方に時間とスペースを与えられる選手」が素晴らしい選手と評価されます。一方で、時間とスペースを無駄使いしてしまう選手は、良い評価をしてもらえない世界です。

例えば、パスを受けた選手が常に劣勢な状態になってしまう時は、パスをする選手が時間とスペースを味方に与えられていないと考えられます。逆に、パスを受けた選手が常に優位な状態、相手がそばにいない状態になっているならば、パスをする選手が時間とスペースを味方に与えられているといえます。【図1—11】

しかし、相手がそばにいてもボールを奪いに来ても関係ない！　という選手が世界には存在します。バルセロナのリオネル・メッシはほんのわずかな時間でもすべてを可能にしますし、マンチェスター・シティのケヴィン・デ・ブライネやダビド・シルバも狭いエリアでのプレーを苦にしません。つまり、相手との距離、相手がボールを奪いに来るまでの時間、そして、ボールを受ける個人の能力によって、プレーできる時間があるかどうかは決まります。

試合で優位を得るためには、「あの選手はこれくらいの時間でもプレーできて、あの選手は無理だ!」と、チームで目を揃えることが大切になってきます。ボール保持者に時間がなければ、味方がどんなにいい動きをしても効果的にはならないからです。

チームで準備してきたプレーの中で、しっかりと時間と空間を紡いでいける選手が良い選手であることはいうまでもありません。さらに良い選手は、チームが計画通りにプレーできない時でも、同じように振る舞える選手、つまり、イレギュラーな状態を独力でレギュラーな状態にしてしまえる選手です。

例えば、選択肢がない状態でも、独力で目の前の選手をはがしてしまえる選手は、高い価値のある選手といえます。つまり、独力で時間とスペースを作れる、もしくは周りの選手に与えられる選手は良い選手といえます。というか、化物です。また、選択肢がない状況に追い込まれたボール保持者に対して、ポジショニングによって助けられる選手も稀有

図1－11

パスの良し悪し

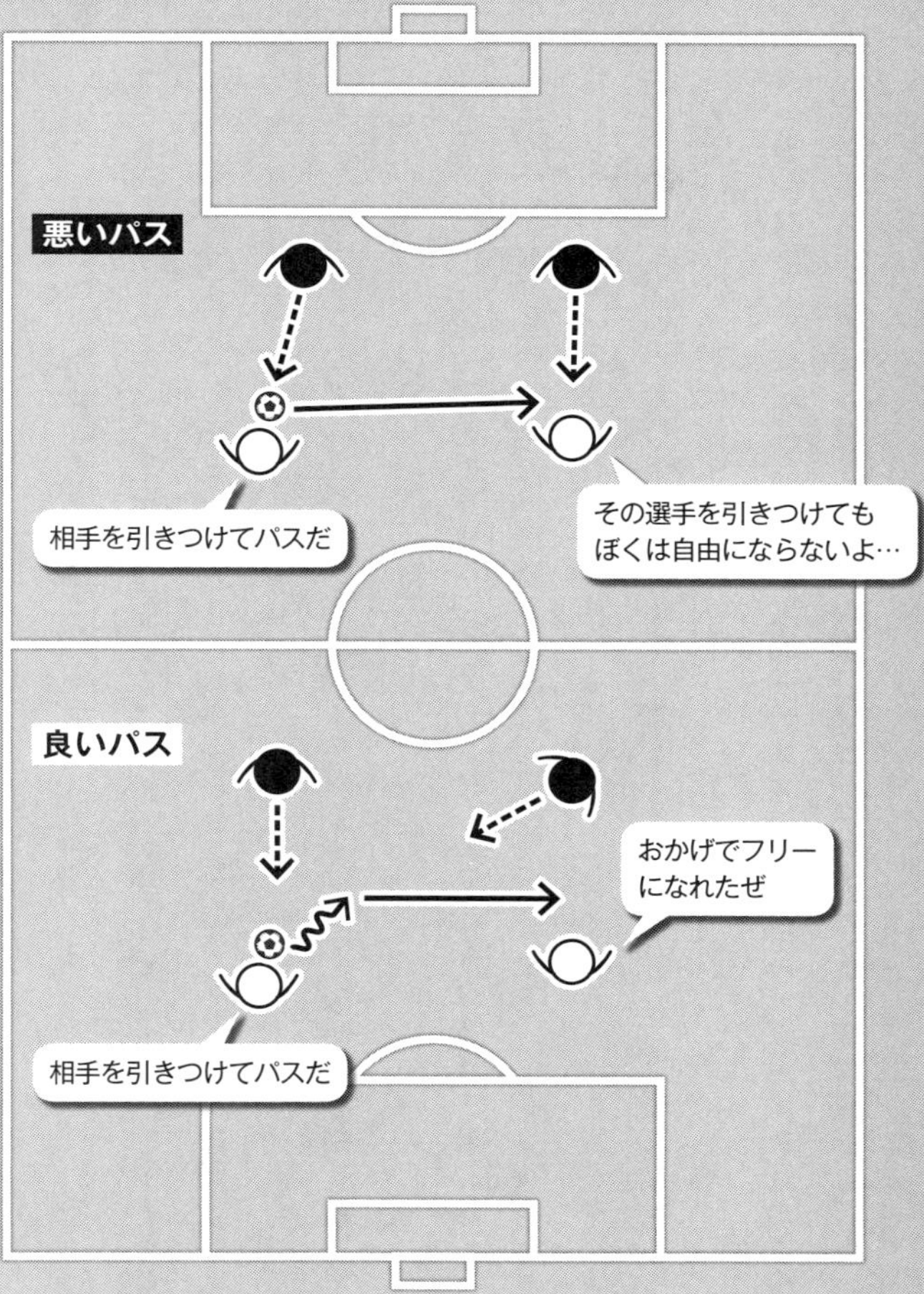

・味方に時間とスペースを与えるためには、誰を引きつけるかが大切。

な選手といえます。
「選手」という観点で試合を見る時に他に注目すべき点は、マッチアップする選手との関係性です。ポジションチェンジを頻繁に行わない限り、一試合で一緒にいる相手が変化することはあまりありません。例えば、右WG《ウィング》の選手は相手の左SB《サイドバック》と常に向き合うことになるでしょう。往年のエル・クラシコ（レアル・マドリー対バルセロナの試合）でクリスティアーノ・ロナウドとダニエウ・アウヴェスがマッチアップを何度も繰り返していたのは懐かしい記憶です。また、お前か！　というノリで。
対峙する選手との一対一に勝てる確率が高いならば、その場所は選手の質の優位性で勝負できるエリアとなります。一対一に勝つ方法は、高さ、スピード、ドリブル力などなどがあげられますが、要するに「目の前の相手を苦にしているかどうか」が重要な要素です。ボールを失わない、というだけでも立派です。【図1-12】
逆にいえば、どんな相手からもボールを奪ってしまうぜ！　という選手も同じくらいに貴重です。最近はマウリツィオ・サッリ監督のチェルシーで自らもボールを動かす役割を与えられて苦戦しているようですが、エンゴロ・カンテはボールハンターとしてトップク

図1－12

一対一の勝負

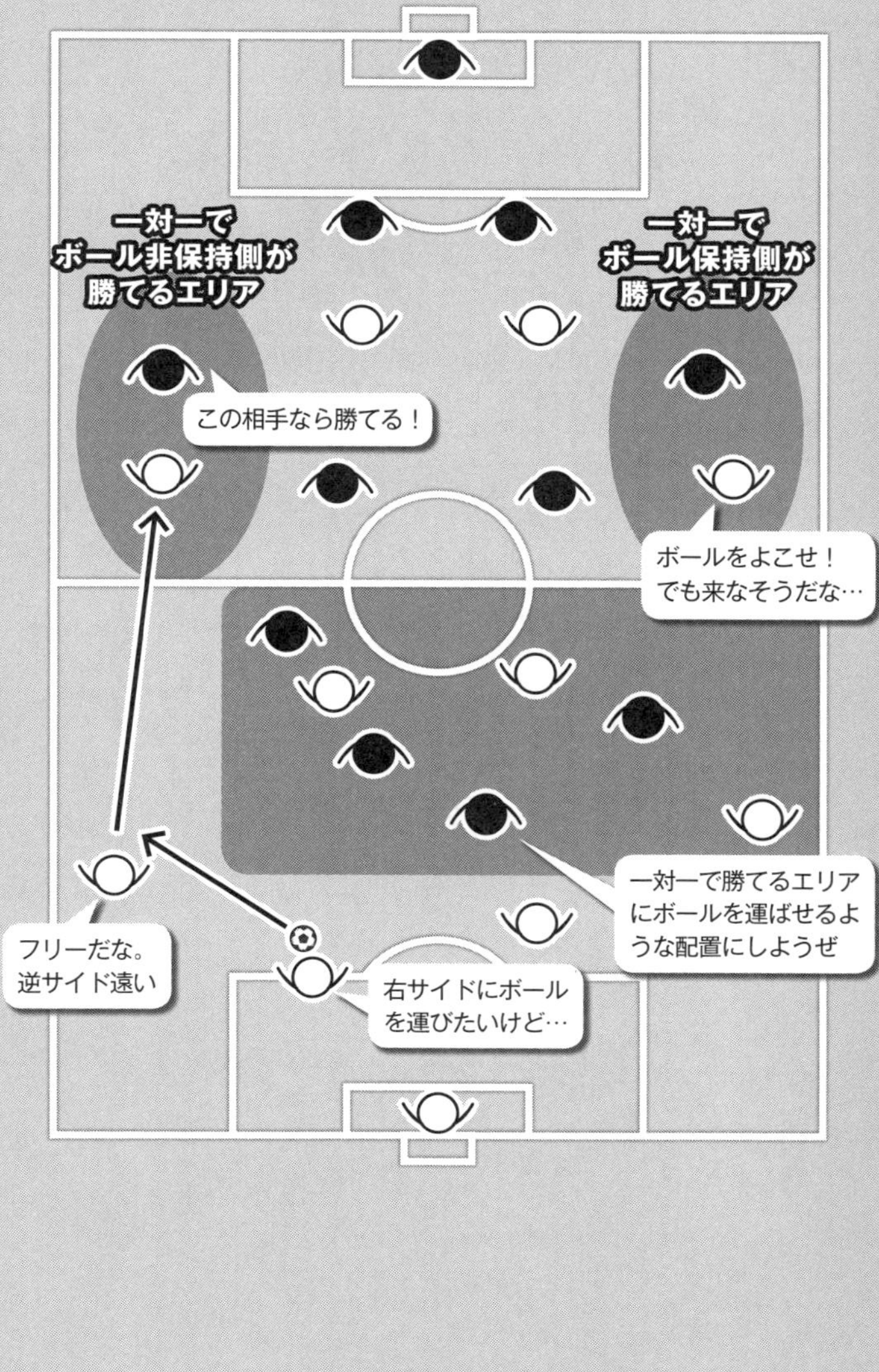
一対一で
ボール非保持側が
勝てるエリア
一対一で
ボール保持側が
勝てるエリア
この相手なら勝てる！
ボールをよこせ！
でも来なそうだな…
一対一で勝てるエリア
にボールを運ばせるよ
うな配置にしようぜ
フリーだな。
逆サイド遠い
右サイドにボール
を運びたいけど…

ラスです。

マッチアップする相手との関係性が注目ポイントならば、マッチアップの相手がいないエリア、つまり、味方のプレーや相手のルールによって自由を与えられたエリアでの振る舞いも、重要なポイントとなります。例えば、CBの選手がフリーでボールを持っているとします。この状況から味方に時間とスペースを与えられるかが鍵となってきます。相手を引きつけて味方を自由にする時も、どの相手を引きつけることでどの味方がフリーになるか、ということを把握していなければいけません。単純に「相手を引きつければいいんでしょ」でプレーをすると痛い目にあいます。ただ相手を引きつけるのと、味方に時間とスペースを与えるのとは似て非なるプレーです。

最後に、選手の頭の中について考えていきましょう。選手は周りを見て、どのような状況か認知し、プレーを決断して、実行します。この過程で省略可能な部分は、「認知」のスピードです。つまり、ある状況に対してどのようにプレーすべきかの決定が早ければ早いほど、プレーに必要な時間は減り、チームに優位性をもたらします。

判断スピードを上げるために個人で意識すべきことは、普段から周りを見るだけでなく、

「未来」を見ながらプレーすることです。自分のプレーをして終わりでなく、自分のプレーの後に何が起きるかを考えて、思考の量を増やすことが重要です。

また、チームの決まりごとをしっかりと理解し、似たような状況に対して即座に判断することも大事です。「サッカーは、最後は選手の人間性」とよく言われる理由は、各選手がチームの決まりごとをしっかりと遵守しているかどうかが、チームの勝利に直結するからです。

ここまで、サッカーというゲームの大枠を再確認してきました。選手は、プレーするために必要な「時間」を確保するために、「スペース」を求めます。「スペース」を手に入れるために、選手の「配置」の噛み合わせによって発生する優位性や、「選手」の質の差を利用します。そして、ゴールを目指し、試合の結果を手に入れようとします。これがサッカーです。

コラム

「攻撃」と「守備」とは？

ここまで、「攻撃」「守備」という言葉ではなく、「ボール保持」「ボール非保持」という多少ややこしい言い方をしてきたことに、お気づきの方もいらっしゃるでしょう。サッカーは攻守が一体のスポーツだといわれています。攻守が一体とは、攻撃と守備を分けて考えることはできない、という意味です。一般的には、ボールを保持しているチームが「攻撃」で、ボール非保持のチームが「守備」という分類がされています。しかし、攻守が一体であるならば、ボールを保持しているから、「問答無用に攻撃だ！」ということはできないのではないでしょうか。

ゴールを決めるためにはボールが必要です。ボールがなければ、メッシでもロナウドでも、ゴールを決めることはできません。よって、最もゴールから遠い状況とは、ゴールを決めなければいけないのにチームにボールがない、という状況になります。

逆に考えると、ボールを保持している状況とは、相手からゴールを決める機会を奪っているという状況ともいえます。であるならば、リードしている試合で終了間際にボールを保持して残り時間を過ごすことも、ボールを保持しながら「守備」をしているといえるでしょう。ボール保持側は、ゴールを目指すことよりもボールを奪われないことを意識してプレーしているはずです。

つまり、ボールを保持しているから攻撃している、とは安易に表現することはできません。ボールを保持しているチームは常に、攻撃も守備も行っています。ただし、スコアと時間帯によって攻守の意識のバランスに変動がある、ということです。

ボールを持たない状況も同様です。自分たちのゴール前に撤退完了している景色からは、相手のゴールを目指す意識を感じ取ることはできません。しかし、相手の陣地から果敢にボールを奪いに行く姿勢からは、攻撃的な意識を感じ取ることはできます。ボールを奪い返すことで、ゴールを目指す条件が手に入ります。また、相手陣地でボールを奪えば、相手のゴールに迫るビッグチャンスになります。

例えば、ユルゲン・クロップ監督が就任してからのリヴァプールは、相手のボール保持に対して相手陣地から果敢にプレスをしていきます。リヴァプールの3トップが高い位置にいるため、相手はボールを奪われたら即危険な状況になることは明白です。このような、相手陣地からのプレッシングとその後の速攻のために攻守両面の意味を持つポジショニングをしている状況は、ボールを保持していなくても攻撃的といえるでしょう。相手のコーナーキックの時に前線に3枚を残す、ロナウジーニョが在籍していた頃のバルセロナの姿勢もまた、攻撃的といえるでしょう。

ボール保持/非保持にかかわらず、プレー全体を通していえることは、時間とスコアの変化によってプレーの優先順位が変化し、それが攻撃と守備の意識に繋がっていく、ということです。

第2章

実践編

～試合分析のフレームワーク～

さて、ここからが「分析眼＝アナリシス・アイ」を手に入れるための実践編です。実際にどのように試合を分析していけばいいのか、そのプロセスを考えていきましょう。本章では、試合開始から序盤戦までに見るべき注目ポイント、試合中に意識して観察すべきことを整理しておきます。ざっとまとめると、

1：選手の配置図を知る
2：見逃してはいけないキックオフ
3：気をつけるべき偽りの序盤戦
4：局面の繰り返しと内容の評価
5：移動による変化を見逃さない
6：すべてを一変させる局面変化
7：残り時間とスコアに注意

といったところでしょうか。順に見ていきましょう。

1：選手の配置図を知る

さて、待ちに待った試合が始まります。最近の試合中継では、キックオフの前にその試合の事前情報をしっかりと伝えてくれます。カードの累積や怪我で出場できない選手、最近のチームの調子はどうなのか、などなどを事細かに解説してくれます。

その中での最重要項目が、スターティングメンバー（スタメン）の選手の配置です。試合開始時の選手の配置は、その試合の分析の基準点となります。後に述べますが、試合に変化をもたらすためには、基準点を変化させることが必要です。その変化に気がつくためには、もともとの配置を知らなくてはいけません。よって、試合前に紹介される選手配置図を参考に、どの背番号の選手がどの位置にいるかを把握しましょう。しっかりと頭に記憶するか、必要ならばメモすることも大事です。

ただし、キックオフ前に中継に映る配置が、実際の試合と異なっていることは往々にしてあります。特にCBとCH《センターハーフ》の選手たちが左右どちらにいるかは、中継の配置と実際の配置が異なることが多い、要注意ポイントです。試合が始まったら実際の配置とメモを照らし合わせ、正しい配置図に修正するようにしましょう。正しい配置図があれば、両チームの選手たちの移動、変化に気がつきやすくなります。

そうして手に入れた配置をチェックする上で重要なポイントは、2つあります。「普段と同じポジションで起用されているか」と、「ボール保持、非保持で配置が変化するか」です。例えば、レアル・マドリーのセルヒオ・ラモスは左CBを主戦場としています。監督が、ラモスは左CBの時にチームに最も貢献できる、と考えているから彼はそのポジションなのであり、よっぽどのことがなければ、右CBで起用されることはないでしょう。逆にいえば、普段と左右が異なる配置になっている場合は、特別な意図があることが多いです。

これは全体の配置の話でも同じで、普段は4－3－3のチームが5－3－2に配置を変更している場合などは、注視するようにしましょう。イレギュラーな配置には、なんらかの意図が必ずあるはずです。

2：見逃してはいけないキックオフ

いよいよキックオフを迎えます。何気ないキックオフも、そのチームの戦略を知る重要な手がかりとなります。例えば、この試合でボールを繋いでいくよ！　というチームは、キックオフからその姿勢を全面に押し出し、ボールを回します。ボールを繋がないよ、ロングボールだよ！　そこから相手にプレッシングをするんだ！　というチームは、キックオフ直後に相手の陣地にボールを蹴っ飛ばすでしょう。このようにキックオフからの流れから、その試合におけるボール保持局面でチームがどのように展開していくかが透けて見えてきます。

ちなみに、キックオフと似たような性質、つまり、チームのスタイルが見え隠れする場面は他にもあります。ゴールキックと、GKがボールを保持した時です。ボールを繋ぐチームは、ゴールキックでもCBにボールをパスします。相手が、繋がせないよ！　という配置を見せていたとしても、CBとGKのパス交換でゴールキックを始めたり、前線ではなくSBにロングボールを蹴ったりします。

ＧＫがどんどんロングボールを蹴る場合は、ボールを保持する局面を重視していない傾向が強いです。その場合の注目点は、「どのエリアにロングボールを蹴っているか」です。一回一回違うエリアに蹴るケースはまれで、基本的にＧＫからのロングボールは、蹴った先の味方と相手の選手との空中戦の勝率を考慮して行われます。その勝率、ロングボールがマイボールになる確率には、注目してみる価値があると思います。

3：気をつけるべき偽りの序盤戦

キックオフでチームのプランのヒントを手に入れた後は、試合の配置図を正しいものに修正する作業を序盤戦に行います。序盤戦を15分までと定義しましょう。サッカーの分析作業において、この序盤戦は曲者です。その後に何度も繰り返される展開とは、異なる展開が現れることが多いからです。

例えば、現在パリ・サンジェルマンの監督であるトーマス・トゥヘルは、キックオフの時の配置をわざと通常と異なる形にしたことがあります（ただ、ここまで露骨な奇襲は一瞬でバレますが）。試合を分析をする上で、ある一場面だけを見てすべてを断定することは避けなくてはなりません。キックオフで配置が判明しました、で終わりではなく、最初の15分までの序盤戦で、キックオフで判明した配置が正しいかどうかを確認して判断するようにしましょう。

また、例えば自陣に撤退してプレッシングをかける形が試合全体のプランだとしても、序盤戦は相手のＧＫまでプレッシングをかけるチームも往々にしてあります。まだ試合に集中しきれていない序盤戦は、奇襲で相手を驚かせることも有効だからです。もしくは、失点を避けたいチームは、相手のプランを見るために、わざとロングボールで試合を始めるかもしれません。

試合が本来の姿になるまで、つまり、「その試合で何度も繰り返されるような局面の噛み合わせ」が目の前に現れるまでに、最大で15分はかかります。よって、序盤戦で起こった現象から、チームの狙いを断定することは極めて危険です。序盤戦で起きた現象がチームのプラン通りだったかどうかを、その後の時間帯で起きた現象から答え合わせをするようにしましょう。

4：局面の繰り返しと内容の評価

15分が過ぎると、大抵の試合は一定の局面の繰り返しになっていきます。ボールが全く落ちつかない！　という試合はまれで、ボールを保持するチームとボールを保持しないチームが交互に替わるか、一方的に片方のチームがボールを保持するような展開が、一般的な試合の傾向です。

試合分析の肝となる作業の一つが、「で、この内容はどうなの？　良いの？　悪いの？」という判断をすることです。ボールを保持しているから良い／ボールを保持していないから悪い、ということではなく、「チームの狙いが実行できているか」を判断しなければいけません。内容が良いとはすなわち、「同じ状況を繰り返していても、試合には勝てる可能性が相手よりも高い」状態のことを示しています。

サッカーは得点を競うスポーツです、となると、内容の良し悪しを判断する基準も、ゴールが決まっているか否かで判断すべきでしょう。しかし、サッカーはなかなかゴールが決まらない、偶然ゴールが決まることもあるスポーツなので、ゴールそのものではなく、「決定機」に注目するとより正確に状況がつかめます。

決定機とは、「ゴールが決まりそうだった場面」のことです。あと30センチシュートが内側に飛んでいたら決まっていた、クロスがあと一瞬早く上がっていればシュートを打てていた、などの、ハイライトに出てきそうなシーンをイメージしてください。決定機を狙いをもって作れていれば、内容が良いといっていいでしょう。

また、決定機になりそうだったね、という決定機の一歩手前の場面を拾っていくことも大事です。決定機や決定機の一歩手前を「再現性」をもって構築するために、チームは練習します。よって、我々は決定機がどんな流れで生まれているか、そしてそれはチームの狙いによって作られたかどうかをしっかりと観察しなければなりません。ボールを保持していて、さらに決定機を作れていれば内容は良いといっていいですし、ボールを保持していなくても、相手に決定機を作らせずに自分たちがカウンターで相手のゴールに迫れていれば、内容は良いといっても問題はありません。

我々は試合中に繰り返される局面を観察し、どちらのチームの内容が良いかを判断すべきです。そして、その判断根拠は決定機の数と決定機に至るまでの再現性となります。再現性を発見するコツは、「相手の配置に対して、どのようなルートで前進しているか」と、「相手のプレッシングのルールに対して、どのように局地戦を攻略しているか」をヒントとするといいでしょう。このあたりは次章で詳しく見ていきます。

5：移動による変化を見逃さない

前項で、内容の良し悪しは決定機で判断すべし！　と述べました。それでは、両チームに決定機が生まれないような試合は、果たしてどのように評価したらいいでしょうか。負けたくないチーム同士の試合であれば、シュート数がゼロ、なんてことも決して珍しくはありません。例えば、決勝戦があまり面白くない試合になってしまった！　なんてことは世界中で起きています。決勝で負けたくない両チームがリスクを冒さないからです。

もちろん、リスクを冒さない姿勢がチームの狙いならば、お互いに決定機がなかったとしても、両チームのプラン通りに試合が進んでいるということになります。その場合は、内容が悪いというのは難しいですね。良いともいえませんが。ちなみにリスクを冒さない姿勢とは、ボールを追い越して前に行く選手が少ない、配置が整っている状態で相手にボールを奪われるようにロングボールを多発する、などなどです。

しかし、何も起きない、または何も起こす気がない試合だとしても、試合時間は刻一刻と過ぎていきます。さすがに、試合終了までどちらのチームもまるで動かない！　という試合は超レアケースです。そんな試合ではスタジアムからはブーイングの嵐、試合の流れとは関係ないウェーブ、しまいには途中で帰り始める人まで出てくるものです。

必ず、どちらかのチームが状況を変えるために行動を起こします。そして、試合分析で最も大事なことは、落ち着いた状態を打開する時や自分たちの内容を改善する時に、両チームが起こす変化に気がつくことです。そして、その変化が試合に与える影響を観察していかなければなりません。

同じ局面が繰り返される時、試合内容をより自分たち寄りにする手段の一つに、「移動」があります。「移動」とは、選手の配置を変更することです。全体のフォーメーションが変更になることもあれば、個人による移動が行われる場合もあります。ただし、個人による移動に対して周りの選手がバランスを取ることも多々あるので、両方ともにフォーメーションの変更と表現してもいいのかもしれません。ただし、個人の判断による移動の場合は、それがチームの利益に繋がっていないと良い評価はできません。ボールに触りたいからとボールに近寄る移動をしても、チーム全体の状況はむしろ悪化するでしょう。

相手のプレッシングのルールがマンマークだろうがゾーンだろうが、トイレまで相手についていくことはありません。現代のサッカーにおいて、CBが相手のCFについていき、気がついたら相手のゴール前にいたよ！　ということはほとんど起きません。【図2－1】

なぜなら、相手についてどこまで移動をしていいか？　というルールがプレッシング側には存在するからです。もちろん、ポジションや相手の能力に応じて、その距離は微調整されているでしょう。この選手にはどうしても時間とスペースを与えるわけにはいかない！　という場合は、ついていく距離が長く設定されます。かつてバルセロナで活躍したシャビ・エルナンデスは、何度もオールコートマンツーマンを食らっていました。

ボール保持側の「移動」の狙いは、相手がどこまでついてくるかを把握し、その距離を

図2－1

移動

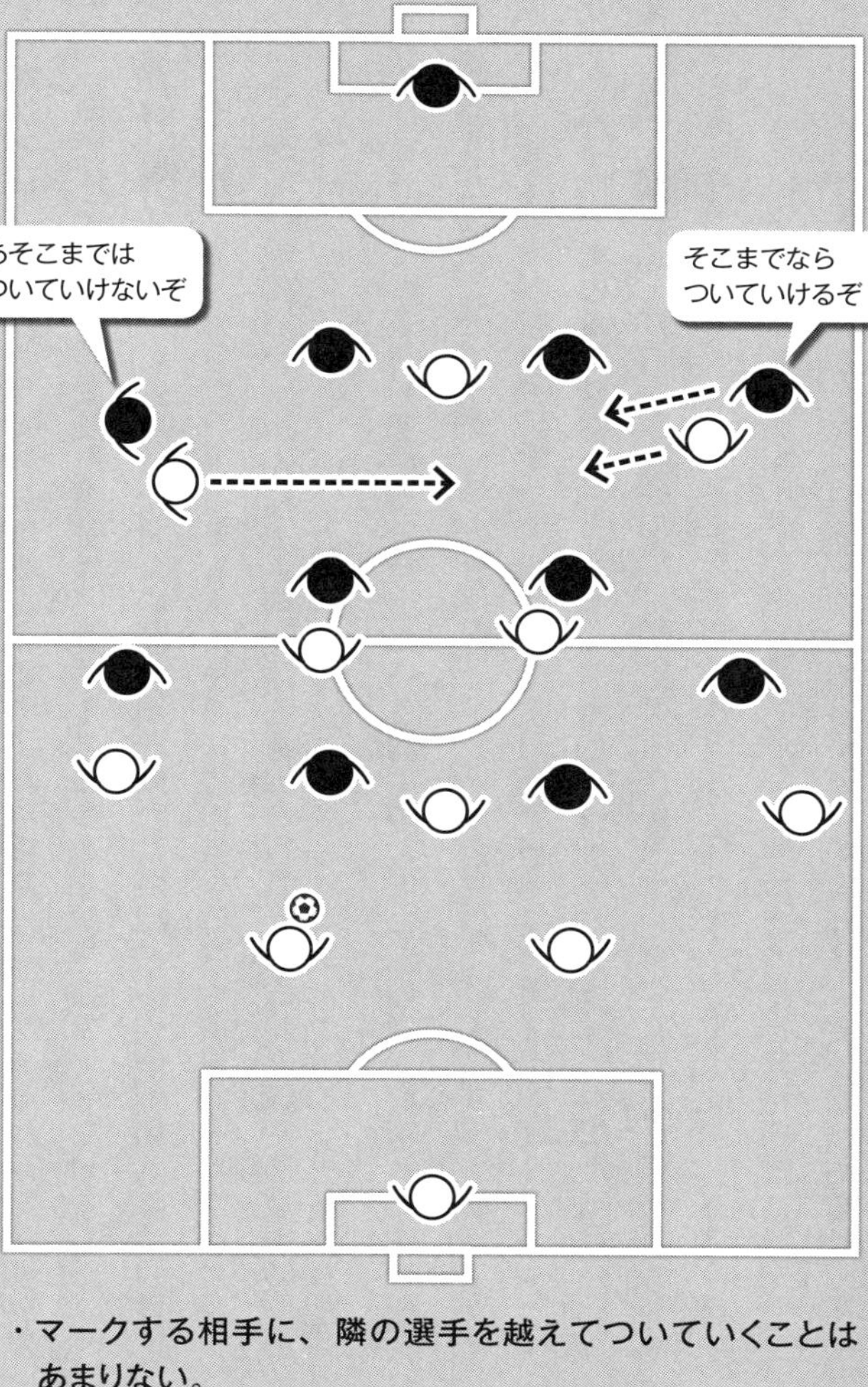

・マークする相手に、隣の選手を越えてついていくことはあまりない。

超える動きをし、時間とスペースを得ることです。非保持側のルール＝それ以上はついていかない範囲、を超えて移動した選手は、フリーになることが多いです。なぜならボール非保持側は、マークしている相手が自分の持ち場を離れた時はマークを他の人に受け渡す作業をしますが、マークしていた人を受け渡される人もすでに他の人を守備の基準点として受け持っていることが多いので、いっぺんに2人の選手を見なければいけない状況が生まれるからです。

このように、すでに守備の基準点を持っている選手のもとに別の選手が現れることを、「複数の基準点を持たせる作戦」といいます。どっちのマークについたら良いかわからない状況は、相手にとっては問題です。マークを受け渡す作業をさせるだけでも、プレッシング側の思考時間を削る判断を強いるので、戦術的な作戦といえます。【図2−2】

プレッシングのルール、「どこまでついていくか」を見極めることが相手側の視点に立った振る舞いだとするならば、「どこに移動したら味方をサポートできるか」という自分たち側の視点に立った移動もあります。ただし、ボール保持者にただ近づけば良い！　なんてことはありません。もしも自分と一緒に相手がついてくれば、狭い空間で複数の相手

図2－2

複数の基準点を持たせる作戦

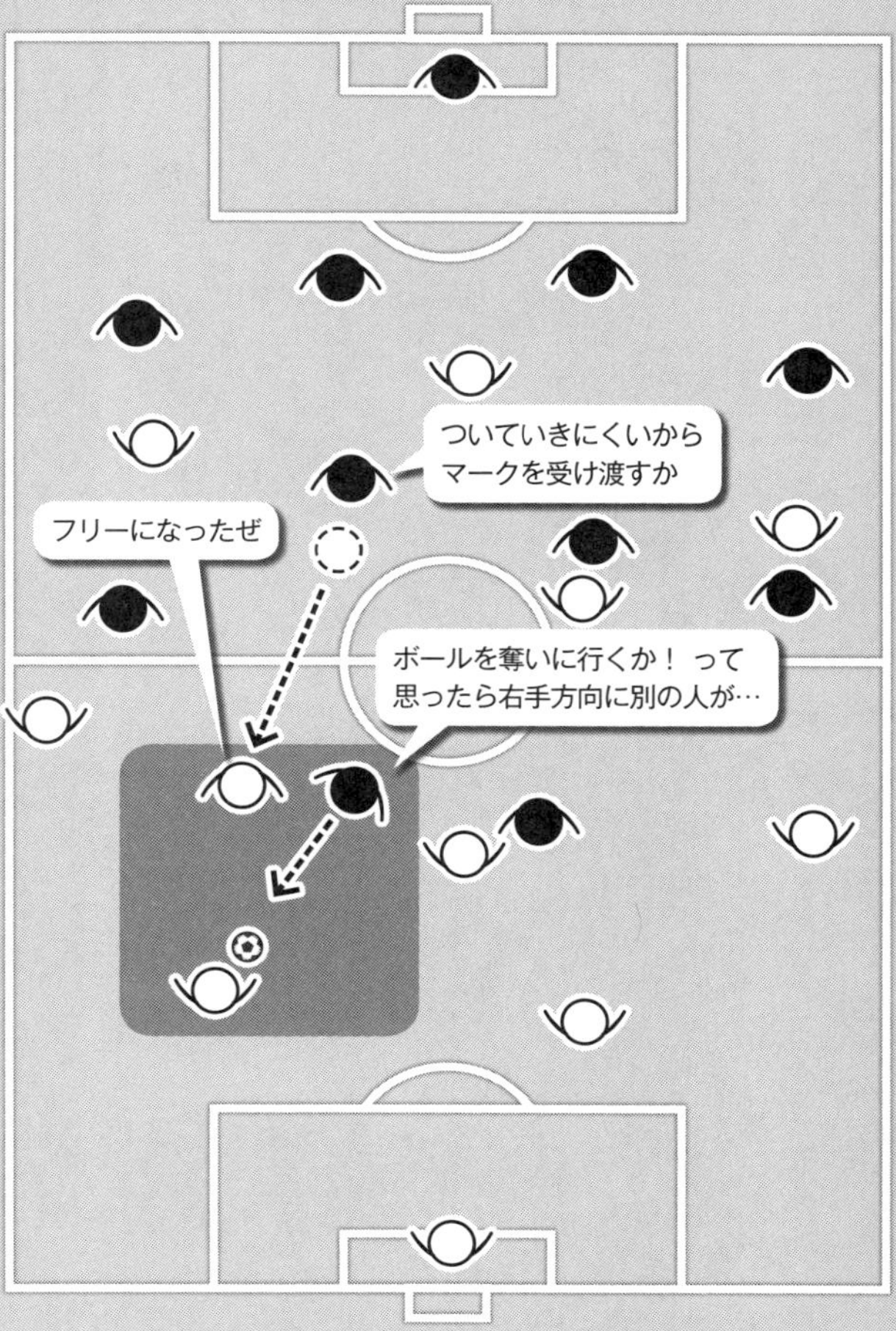

・相手がついてこない移動をすることで、移動した先で優位性を作る。
・受け渡された側は複数の相手を見ることになり混乱する。

と対峙してしまうことになるからです。
その時に重要な考えが「列」と「レーン」の概念です。

5-1：列

4-4-2、3-4-3などなど、サッカーにおける人の配置には「列」が存在します。
1列目＝FW《フォワード》、2列目＝MF《ミッドフィールダー》、3列目＝DF《ディフェンダー》という区別をしています。4-1-4-1などの場合は4列表記になりますが、その場合は2、3列目がMFとして処理されることが多いです。列を考える際に大事なのは、選手が列を移動した時に何が起きるか、そして相手チームがどのように処理するかのルールを見極めることです。【図2-3】
例えば、サッカーには「ゼロトップ」という作戦があります。ゼロトップとは、相手のCBと殴り合いをするはずのCFが2列目に移動する作戦です。この移動によって相手のCBの守備の基準点をなくし、中盤の枚数を増やして数的優位を作りながら、相手の2列目の守備の基準点をもくるわせることを目的としています。マークすべき対象を失ったCBはどのように対処すればいいんだ!? と相手に疑問を抱かせるような行為。これこそ戦

図2−3
列

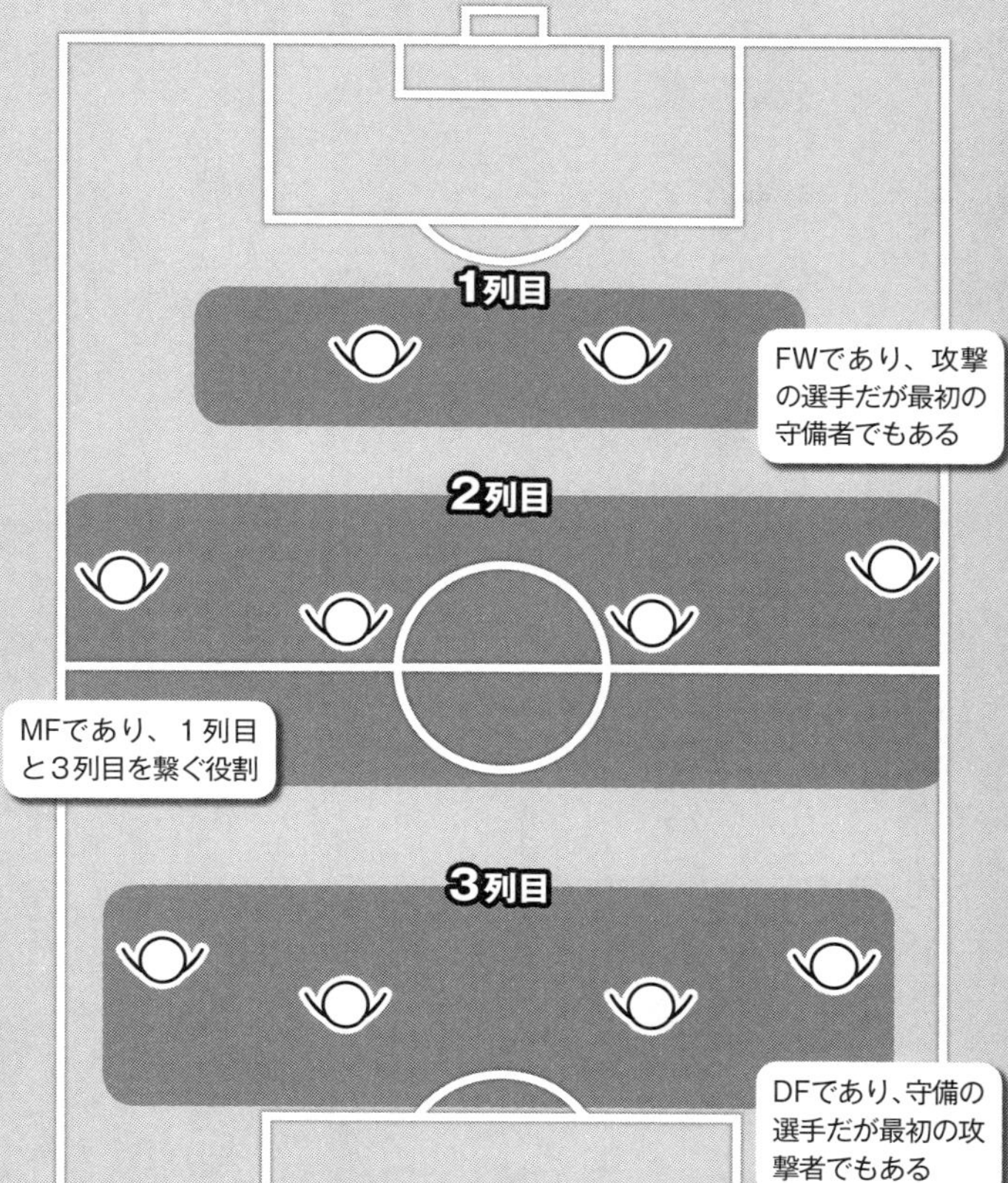
1列目
FWであり、攻撃の選手だが最初の守備者でもある
2列目
MFであり、1列目と3列目を繋ぐ役割
3列目
DFであり、守備の選手だが最初の攻撃者でもある

術的なプレーです。【図2―4】
1列目から2列目への移動がゼロトップ作戦ですが、2列目から3列目への移動もあります。この作戦は「サリー」と一部界隈で呼ばれています。正式名称は、サリーダ・ラボルピアーナといいますが、覚えなくても構いません。サリーとは、ＭＦの中央に配置された選手（ＤＨ《ディフェンシブハーフ》やＣＨ）が3列目に移動する形です。ＣＢの間に移動する形が最もポピュラーです。ビルドアップで苦労するＣＢを助ける、またはビルドアップの経路変更を目的として行われる作戦です。【図2―5】
マイボールを保持しつつ前進するという目的において、サリーは効果的です。後方の枚数を増やし、相手の守備の基準点をくるわせることで、ＣＢに時間とスペースを与えます。また、相手のプレッシングを牽制する狙いもあります。後ろの人数を増やすことで、プレッシングをする選手たちは数的不利の中でプレーしなければいけません。プレッシングをしてもボールを奪えそうにないな、と思わせれば、相手はプレッシングに来ません。
相手のプレッシングの心を折るもう一つの方法が、ＧＫを使ったボール循環です。近年のＧＫの繋ぐ能力の向上によって、日本ではなかなか流行しないＧＫを含めた配置表記

図2－4
ゼロトップ

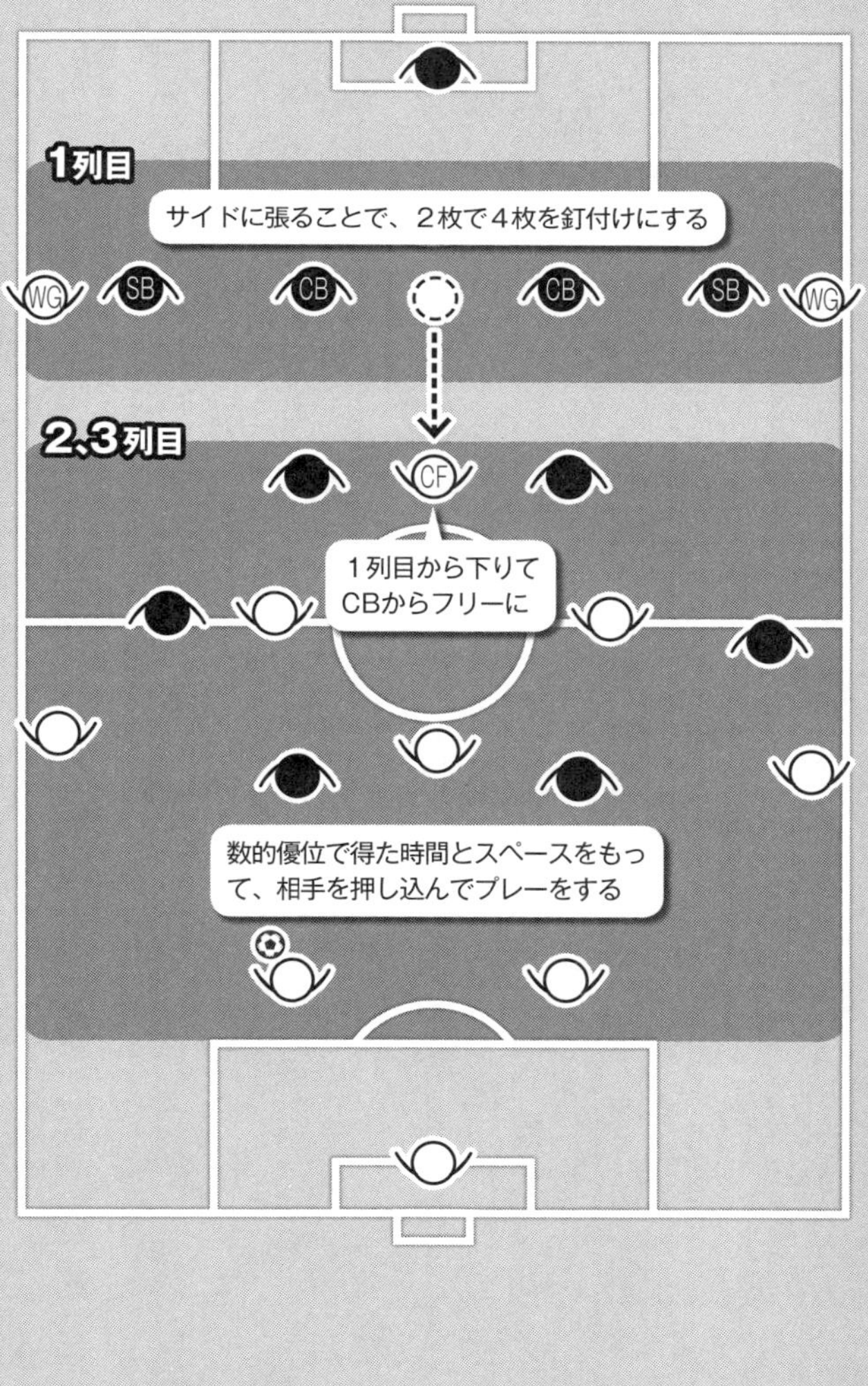
1列目
サイドに張ることで、２枚で４枚を釘付けにする
WG
SB
CB
CB
SB
WG
2､3列目
CF
１列目から下りて
CBからフリーに
数的優位で得た時間とスペースをもって、相手を押し込んでプレーをする

図2－5

サリーダ・ラボルピアーナ

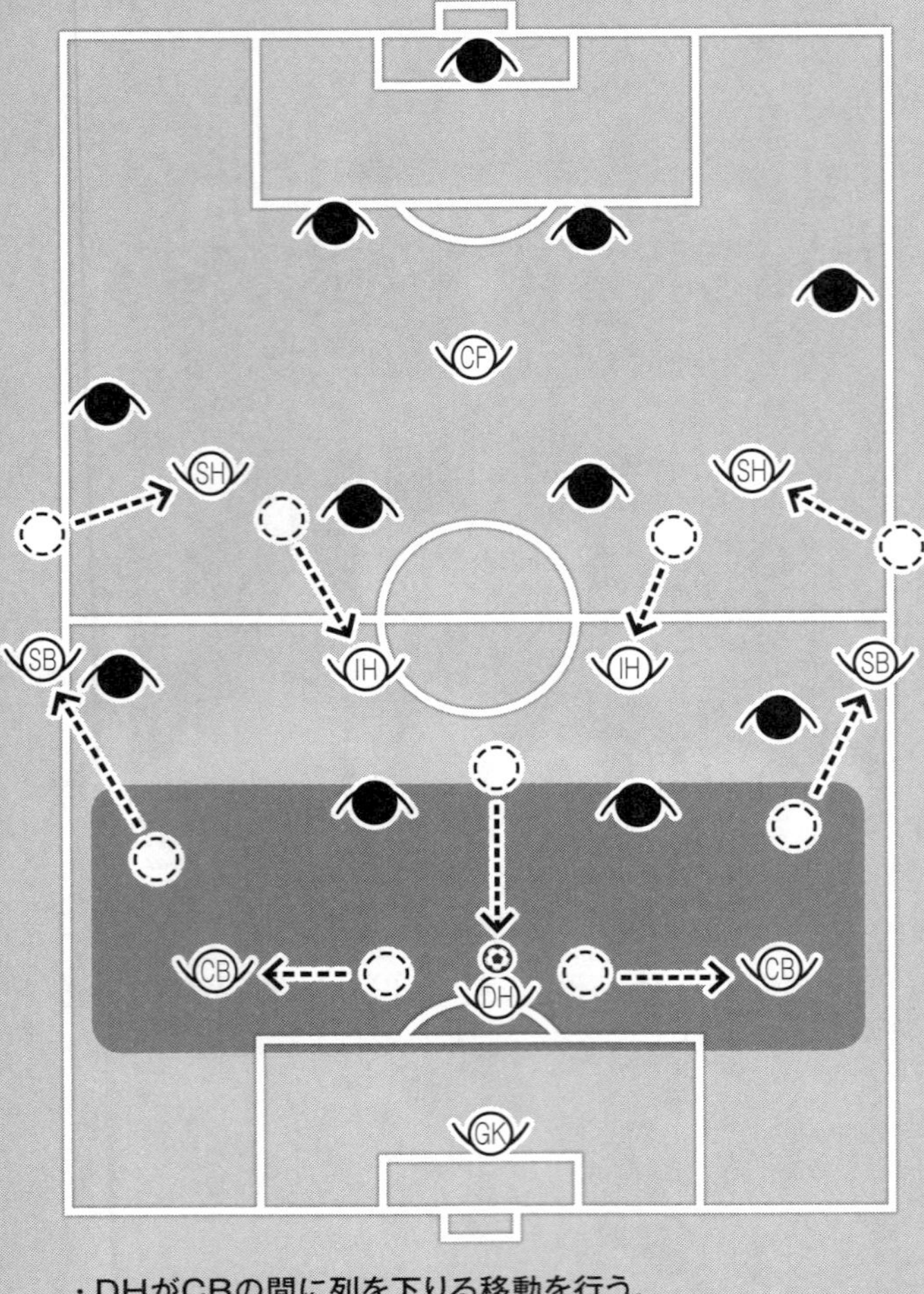

・DHがCBの間に列を下りる移動を行う。
・移動に合わせて、他の選手も調整を行う。
・メリットは後方でのボール保持が安定すること。
・デメリットは後方の選手が増えるため、前線の選手の負荷が増すこと。

（1－4－4－2など）が一般的になる時代も、すぐそこまで来ているかもしれません。

5－2：レーン

ピッチを縦に分割することで現れる想像上のエリアを「レーン」と呼びます。最近はピッチを5分割して表現することが流行しています。便宜上、一番タッチライン寄りのレーンを「外」、一つ内側のレーンを「内」（ハーフスペースと呼ばれることもあります）、中央のレーンを「中」と呼ぶこととします。【図2－6】

列の移動が縦移動ならば、レーンの移動は横移動です。横の移動に対しても、相手はどこまでついていくかの判断を強いられます。右のSBが相手のWGのレーン移動についていったら逆サイドについていってしまった、なんてことは悪夢以外の何物でもありません。

例えば、外に配置されているSH《サイドハーフ》の選手が内側のレーンに移動するのは、よく見られる現象です。誰もいなくなった外のレーンにSBの選手が列を上げる移動をすることで、チーム全体の配置が崩れないようにすることが多いです。内側のレーンに移動する相手に対して、ボール非保持側のSBがどこまでついていくかは、非常に曖昧な問題としてのし

図2－6

5レーン

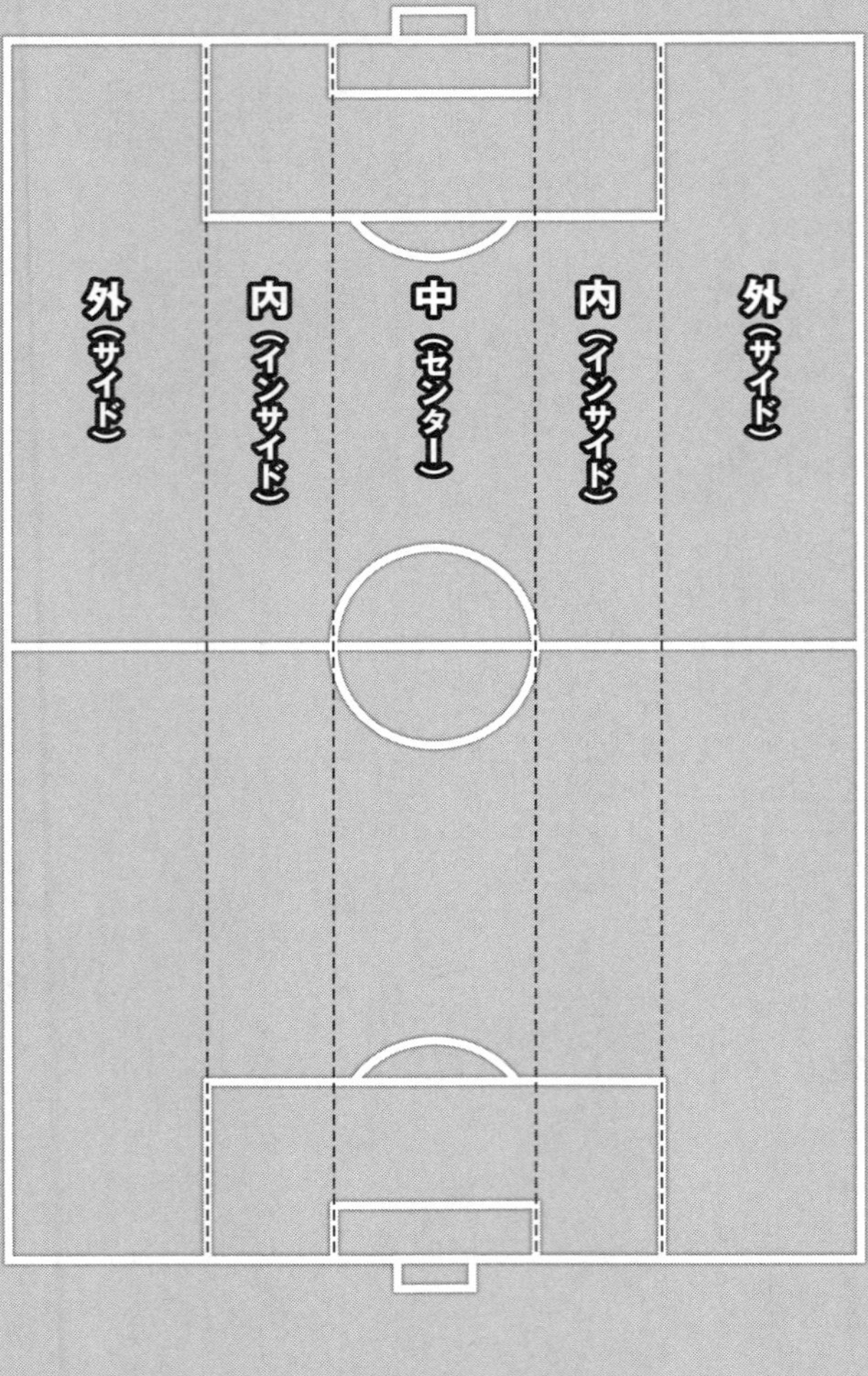

図2－7

レーンの移動（外→内）

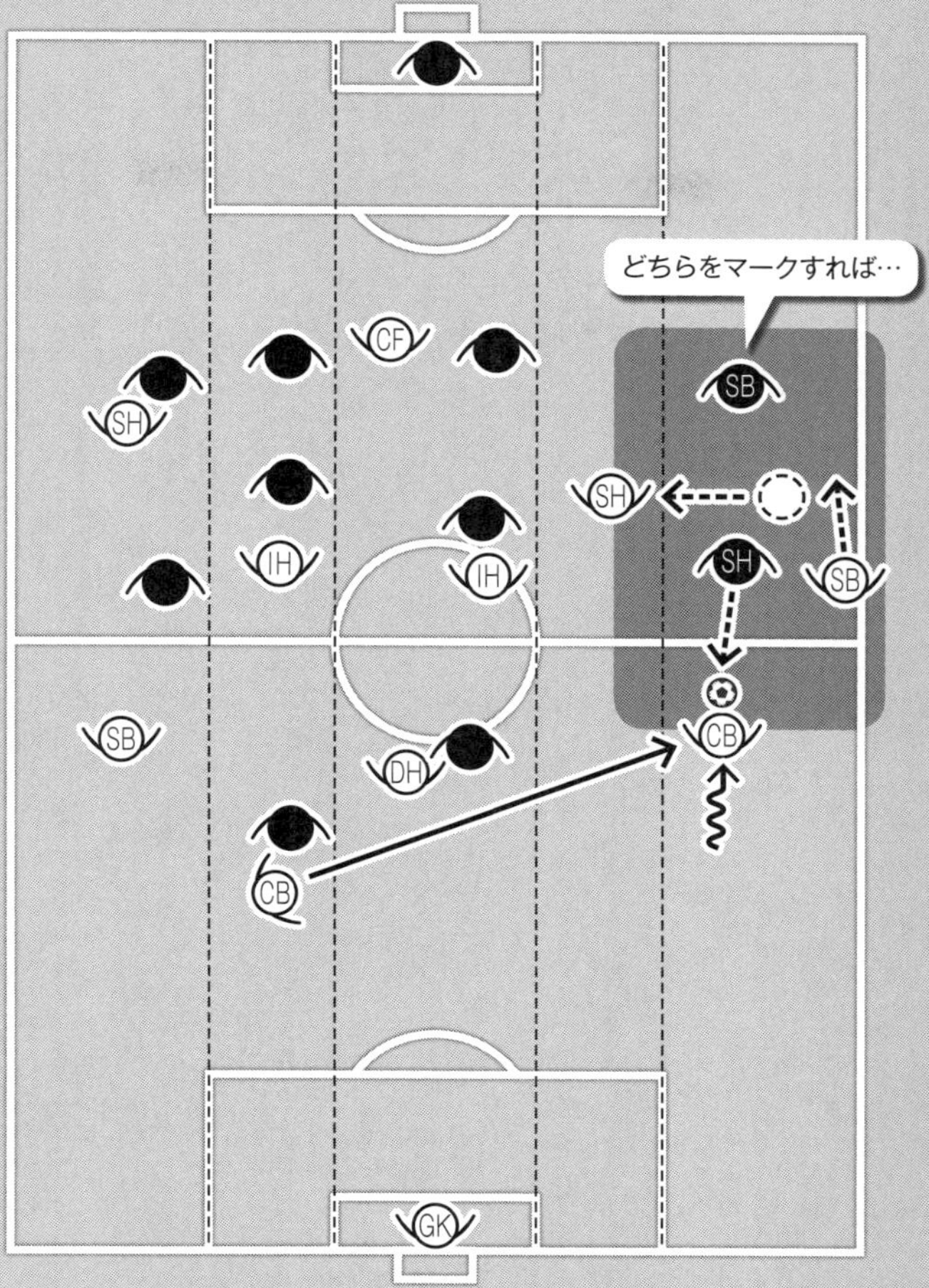

かかります。内側に侵入したSHと外に出てきたSBの、どちらを見れば良いのだろう？と困りますよね。原理としては、相手に複数の基準点を用意する形と同じです。【図2－7】

他には、中のレーンにいる選手が内のレーンに移動することも、レーンの移動でよく見られます。特に、マンマークにあう選手がよく行いがちです。中から内に移動すると、当然相手もついてきますが、そうするとサッカーで一番守らなければいけない中のレーンからボール非保持側がいなくなります。人がいなくなれば、そのレーンをパスコースで使うこともできるし、他の人が移動してくることもできる、というわけです。【図2－8】

5－3：列×レーン

列の移動が縦の移動、レーンの移動が横の移動だとすると、その両方を同時に行うことを「斜めの移動」と呼びます。縦のみ、横のみの移動でも相手は対応しづらいのに、さらに斜めの動きとなると距離がつかみづらいので、気がついたら自分のいるべきエリアから離れてしまった！　という状況に陥りやすいです。

図2−8

レーンの移動（中→内）

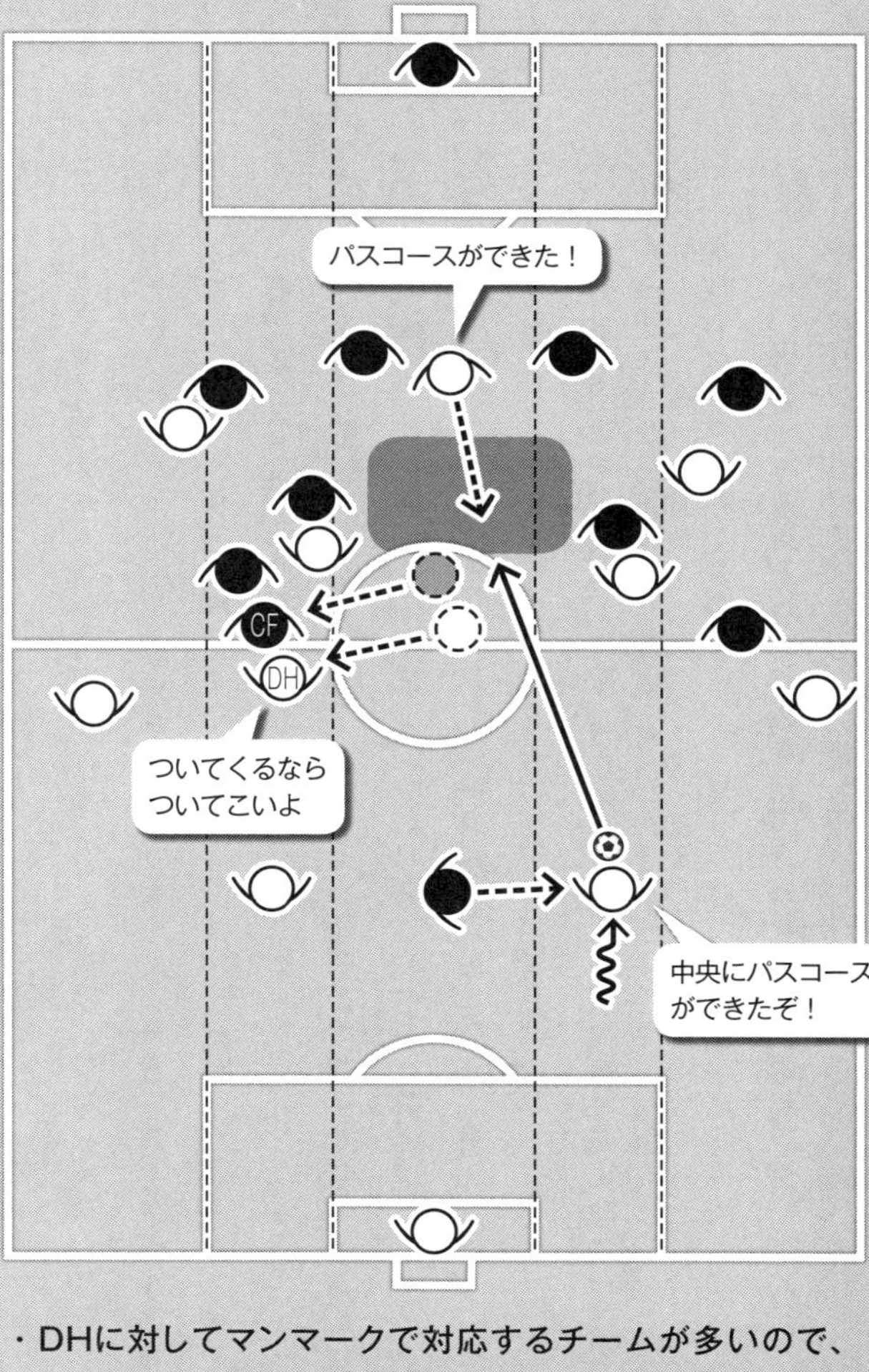

・DHに対してマンマークで対応するチームが多いので、マンマークのルールを利用したパスコースの創出が流行になっている。

例えば、IH《インサイドハーフ》の選手がSBの位置に下りる形は、斜めの移動です。レアル・マドリーのルカ・モドリッチやトニ・クロースが得意としています。相手が時間とスペースをくれる、プレッシングが届きづらいエリアから、モドリッチたちのような時間とスペースを作れる選手がフリーな形でボール保持を始めることで、レアル・マドリーはチャンピオンズリーグの3連覇を果たしました。【図2-9】

現マンチェスター・シティのジョゼップ・グアルディオラ監督が得意とする、SBがCHの位置に移動する形も、斜めの動きといえます。いわゆる「偽SB」作戦です。相手のSHの守備の基準点をなくすプレーとして、流行から標準になりつつある作戦です。この動きは、列を下りる動きでなく上がる動きなのが特徴です。【図2-10】

最近は3バックの中央の選手が列を上げる動きで相手を撹乱することも流行ってきています。サンフレッチェ広島時代の千葉和彦が得意技としていました。

列移動、レーン移動、斜めの移動を選手が単独で行うだけでも、相手は守備の基準点がずらされてしまいます。さらに、それぞれの移動を組み合わせて複数の選手が同時に行うことで、相手はより、どのように配置を整えるかで混乱していくでしょう。相手にボール

図2－9

IHの斜めの移動

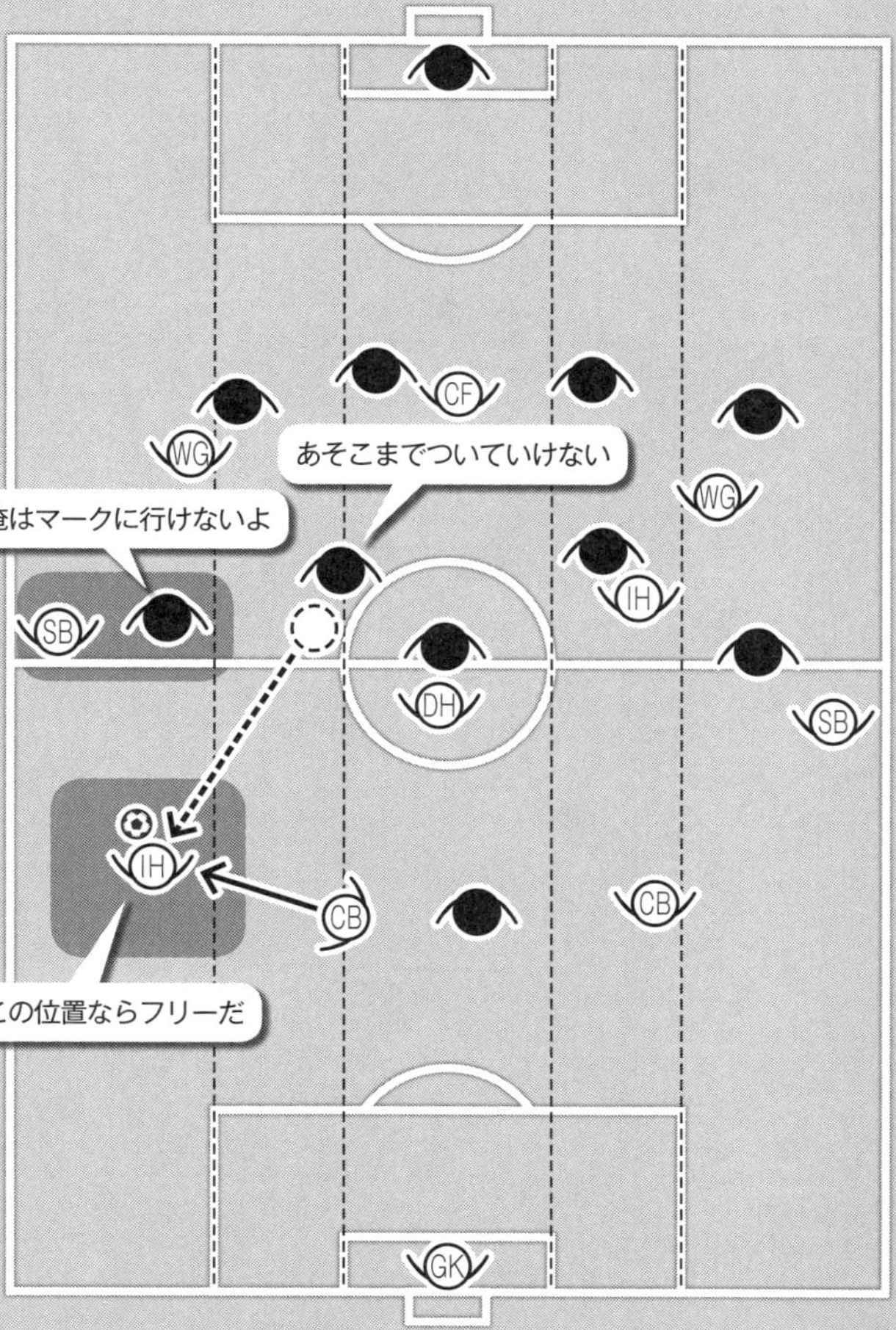

・斜めの移動によって、ビルドアップの出口となる。

・攻撃の起点となる選手がスペシャルであればあるほど、時間とスペースを味方に紡いでいくことができる。

図2－10

偽SB（SBの斜めの移動）

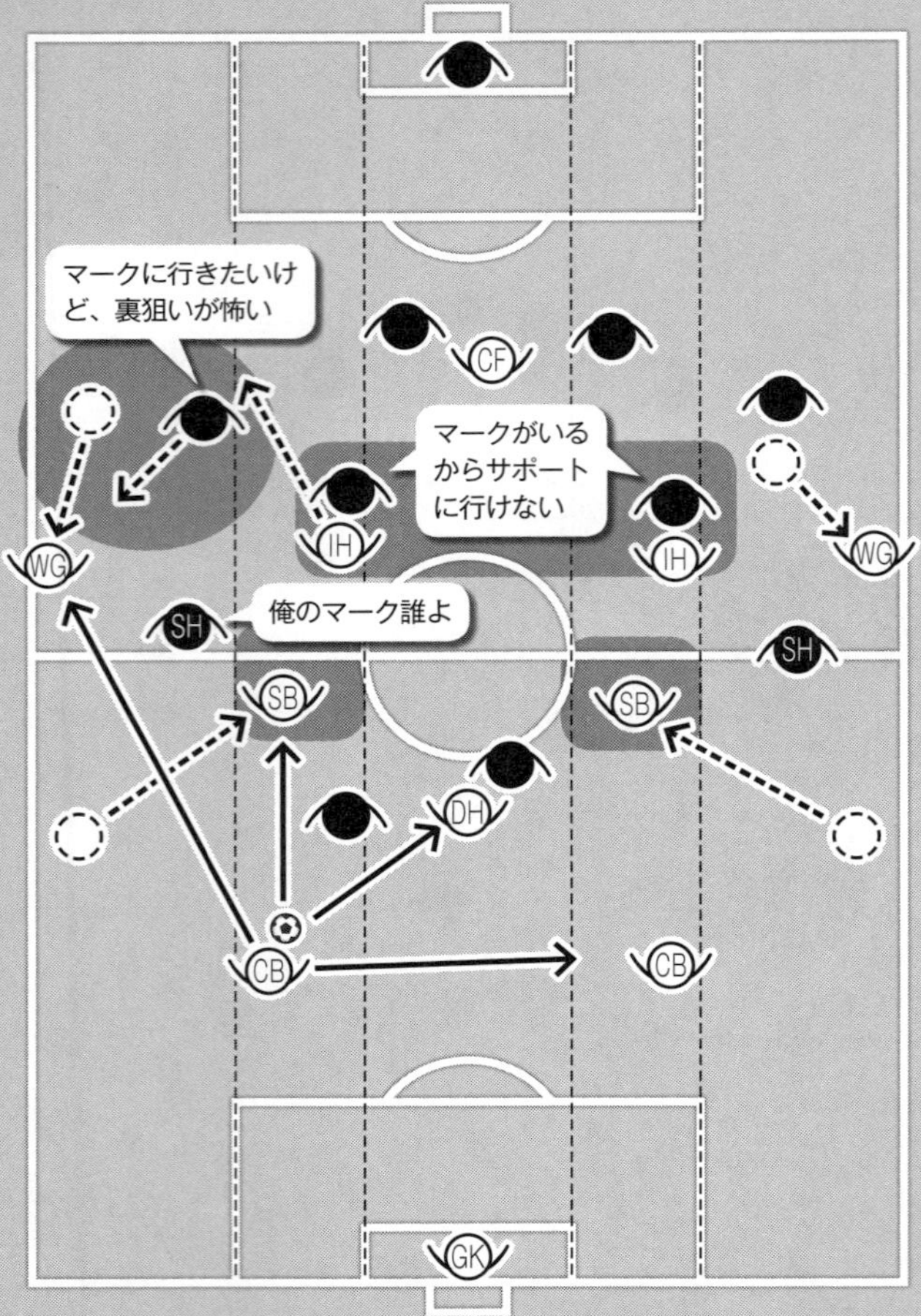

・相手のSHの守備の基準点をなくし、ボール保持を安定させる。

・味方のWGへのパスコースを作り、強襲を狙う。

を奪うチャンスを与えることなく、相手の陣地やゴール前まで前進するプレーが、配置と移動によって得た時間とスペースを最大限に利用する戦術的なチームプレーであり、理想的といえるでしょう。

5－4：ピンどめ

ボール保持側が移動して相手の守備の基準点をくるわせるという話をしてきましたが、逆に移動しないことで相手を困らせる作戦もあります。それが「ピンどめ」です。

相手にとってマークすべき対象を用意して、この選手をマークしていればいいんだな？と相手に思わせれば勝ちです。準備された選手を相手が狙い通りにマークすることで、別の選手が時間とスペースを得ることが、ピンどめ作戦の目的となります。

【図2－11】をご覧ください。ボール非保持側のＷＢ《ウイングバック》は、相手の陣地からプレッシングをかけるルールになっているとします。この場合、ボールを保持側のＳＢまでプレッシングに行くべきです。しかし、目の前にフリーのＷＧが現れたことで新しくマークすべき対象が準備され、前からプレッシングをかけられなくなります。よって、ボール保持側の

図2−11

ピンどめ

・守備の基準点を用意することによって、相手をやるべき役割から遠ざける作戦。

ＳＢは時間とスペースを手に入れることができました。このように、新たな守備の基準点を準備することで、特定のエリアや選手に時間とスペースを与えることと、相手のプレッシングのルールを乱すことが、ピンどめの特徴です。

先ほど述べたゼロトップの嫌らしいところは、ＣＢの守備の基準点がなくなることです。実はその時、ＳＢにはＷＧという守備の基準点が準備されています。初期のグアルディオラ監督は、ＷＧの選手を相手のＣＢとＳＢの中間ポジションに配置しました。この場合は、相手の中間ポジションに配置された２人の選手だけで、４人の選手をピンどめしていたことになります。２人で４人の相手を引きつけることで、中盤に優位性をもたらすこの作戦は、多くのチームを悩ませていました。

5-5：ボール非保持側の移動

ちなみに、ボール非保持側の配置にも移動はあります。よくある移動は、相手のビルドアップの配置に対して、同数でプレッシングをかけるための移動です。相手が得ようとする配置での優位性を消すための作戦ですね。

そもそも、移動の目的とはなんでしょう。「慣れ」という観点で考えるとわかりやすいかもしれません。どちらも、試合が進むにつれ生じる相手の「慣れ」を壊すために移動をします。

例えば、相手が4－4－2の配置で守っていて、なかなか前に進めない局面が続く時、ボール保持側は移動を開始し、一生懸命に相手の配置を動かして慣れを壊そうとプレーします。時間が経てば、ボール非保持側のプレッシングの強度も下がっていくでしょう。となると、ボール保持側はゆっくりと試合に慣れていきます。今日の試合はこんなふうにプレーすればいいんだなと。

すると今度は、ボール非保持側が相手の慣れを破壊するために、急に4－5－1に配置を変更します。ボール保持側にしてみると、先ほどまでとは選手の配置が変わっているので、慣れていたプレーを続けるわけにはいきません。新たな攻略法が必要になります。こうして時間を消化するという策が、トップレベルでは時々行われています。アトレティコ・マドリーの得意技です。［図2－12］

図2−12

慣れの破壊（ボール非保持側の移動）

・配置やプレッシングのルールを変更することによって、相手が見つけ出した攻略を振り出しに戻す作戦。
・ただし、しっかりと準備しないと自分たちが混乱して墓穴を掘ることもある。

6：すべてを一変させる局面変化

移動による変化が、ある特定の局面における改善、修正だとすれば、局面そのものをひっくり返すことで、状況改善を狙う作戦もあります。それが「局面変化」と呼ばれる手段です。例えば、ボールを保持する展開が続いていても、ちっとも決定機が生まれる気配もなく、移動による改善も相手にすぐ対応されて児戯みたいなものになってしまう時に、「それならば、いっそ相手にボールを与えてみよう！」という作戦です。つまり、自分たちがボールを保持する⇕相手がボールを保持しない、という局面の噛み合わせを、自分たちがボールを保持しない⇕相手がボールを保持する、という局面同士にひっくり返す作戦になります。

そして、相手のボール保持者からボールを奪い取り、相手の配置が整っていない状況で相手のゴールに迫れれば完璧です。ボール保持の局面における自分たちの配置とボール循環によって、相手の配置を整っていない状況にできないのであれば、相手にボールを渡し、相手からボールを奪い取ることで、相手の配置を壊すことも立派な作戦です。ただし、相手からボールを奪い取る術がなければ絵に描いた餅となります。よって、相手のボール保持に対抗できるボール非保持時の振る舞いが準備されていなければ、とてもできる芸当ではありません。

相手からボールを奪えそうもないよ！　という場合にも残された手はあります。ボール保持からロングボールを連発し、ボールが行ったり来たりする状況を作為的に作れば、相手の配置が整っていない状況に繋がっていきます。このような局面変化は、ボールを保持しつつ相手の配置が整っている状況に何度も勝負を挑む展開から、相手の配置が整っていない状況に自分たちが遭遇するためにはどうしたらいいか？　という目的のもとに行われています。

7：残り時間とスコアに注意

ここまで、自分たちの状況を改善するための試みを、移動と局面変化の観点で見てきました。これらは状況をよりポジティブなものにするために行われます。相手の状況にもよ

ります が、基本的には自分たちの意思によって行われるものです。しかし、サッカーには試合時間があり、残り時間を考慮して動かなければいけない状況も存在します。また、スコアが動けば、強制的に局面が変化することも頻繁に起きます。

試合時間とスコアは、試合の現象に大きな影響を与える変数といってもいいでしょう。これらの変動によってピッチに何が起きたかは、必ずチェックするようにしましょう。リードしたけれど、それでもボールを保持するのか、それとも自陣に撤退して相手にボールを持たせるのか。それまでの試合内容から局面同士の力関係を考慮して、スコアと時間を考慮したプレーの変化が両チームに求められます。

例えば、負けている状況でアディショナルタイムに突入しても、ボールを繋ぐチームがあります。このチームのやるべきことは、一刻も早く相手のゴールに迫ることです。自陣でボールを繋ぐことではありません。相手がリードしているのに、自陣に撤退して相手がボールを保持している状況を許すのも、賢い行いとはいえないでしょう。もちろん、両チームに圧倒的な力の差があるならば、致し方ないかもしれませんが。

最後に本章をおさらいしてみましょう。まずは試合前に情報を整理して、キックオフから配置や両チームのプランを読み取ります。読み解いたものが正しいかどうかを序盤の15分で検証しましょう。次に、試合で何度も繰り返される局面の噛み合わせでどちらが優勢か、それともトントンなのかを見極めましょう。そこから発生する、自分たちにポジティブな流れを持ってくるための変化を見逃さないようにしましょう。もちろん、変化の狙いや目的、変化に対する相手の対応もしっかりと見ていってください。そして、最後に時間とスコアの変化によって、どんな変化が起きているかを見れば、試合の流れを追っていけるようになります。

さて、試合全体の大まかな分析の流れがイメージできたところで、さらに詳細な分析ポイントをチェックしていきましょう、次章からはピッチを3つのゾーンに分け、それぞれのゾーンでどのようなポイントに注目すればよいかを、より具体的に見ていきます。

第3章

ゾーン1
～ビルドアップとロングボール～

この章からは、ピッチを3つのゾーンに分け、それぞれのゾーンにおける攻防の分析の仕方を見ていきます。ゾーンの分け方ですが、まずピッチを横に三等分します。そして、ボール保持側から見て手前から最初のエリアを「ゾーン1」、中央のエリアを「ゾーン2」、奥のエリアを「ゾーン3」と定義します。あくまで機械的な区分であり、ゾーン1を突破したからビルドアップ成功だ！　とはなりませんので、注意してください。例えば、相手が自陣に撤退して構えれば、ゾーン1には相手が存在しないことになります。皆で同じ絵を頭に描くための区分だと考えてください。【図3－1】

ゾーン1：ボールを前進させる哲学

ゾーン1の攻防を一言でいうと、ボールを前進させたい⇕ボールを前進させない、のせめぎ合いです。ボール保持側はショートパス、もしくはロングボールによる前進を目指します。ボール非保持側はプレッシング開始ラインを定め、相手の前進に対してどのように振る舞うかを設定します。

図3－1

3つのゾーン

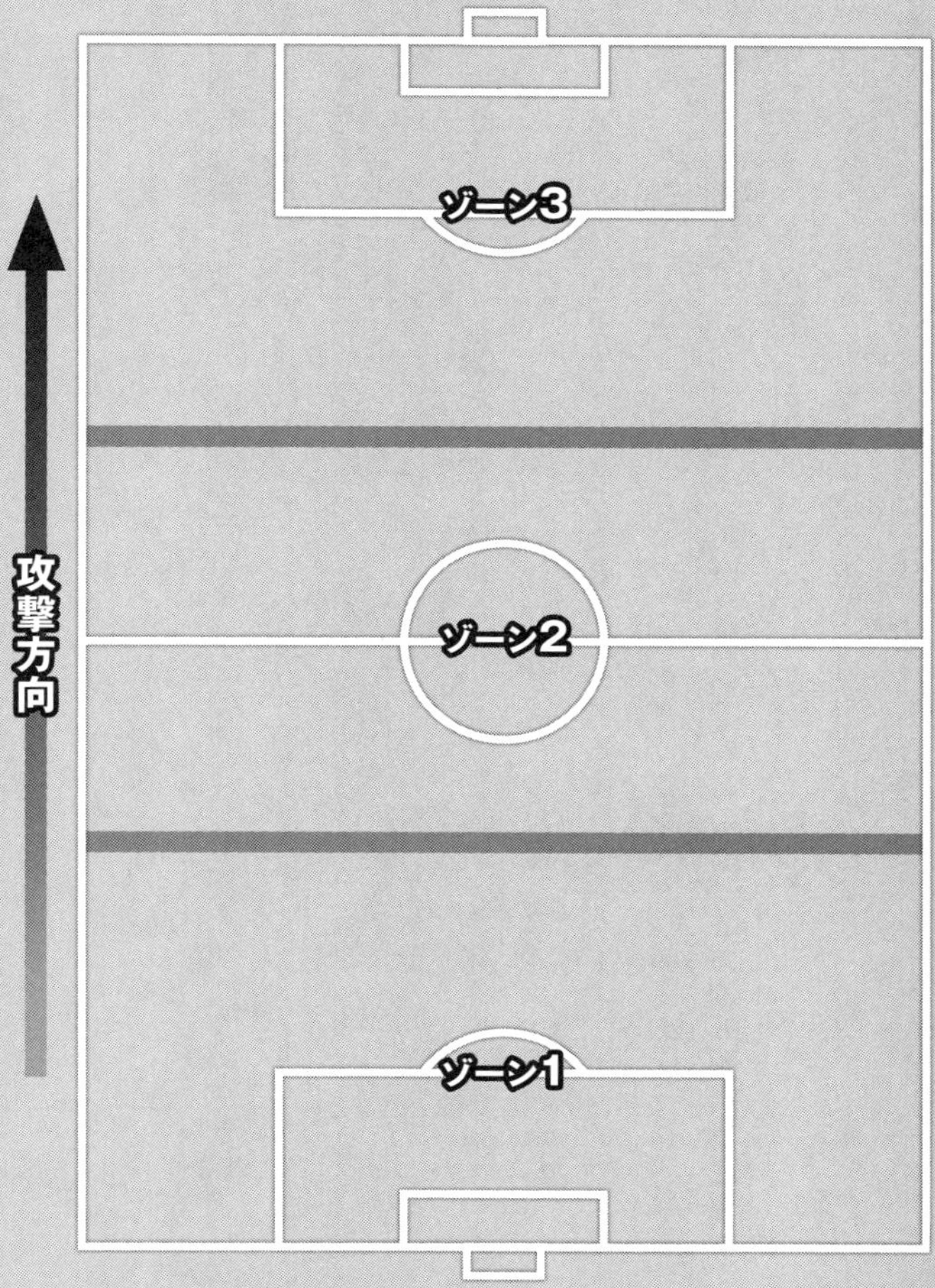

ボールを前進させる最初の一歩は、相手の1列目を突破することです。そして最も時間とスペースがあるゾーン1からゾーン2へ時間とスペースを紡いでいくこと、言い換えれば、「ゾーン2にいるフリーな選手にボールを渡すこと」が大切になってきます。つまり、ボールを前進させられたけれど、ボールを受けた選手は時間とスペースがあまりなかった、という状況は、良いボールの前進とはいえません。

ちなみに、ゾーン1においては、たとえショートパスによる前進が狙いであっても、例外的判断があります。前線が同数ならば、そのエリアにロングボールを蹴るという原則です。例えば、相手のCBとメッシが一対一の状況だったら、メッシに勝負をしてもらうのがノーリスク・ハイリターンとなることは火を見るより明らかです。マンチェスター・シティのエデルソン・モラエスやリヴァプールのアリソン・ベッカーのように、精度の高いロングボールを蹴ることができるGKが登場してきたのは、この例外的判断を実行するためには必然だったといえるかもしれません。【図3-2】

彼らの価値について、もう少し突っ込んだ説明をしましょう。ピッチにおいて、すべてのエリアでマンツーマン状態だったとします。その場合のプレー原則は、一対一で勝てる

図3－2
例外的判断

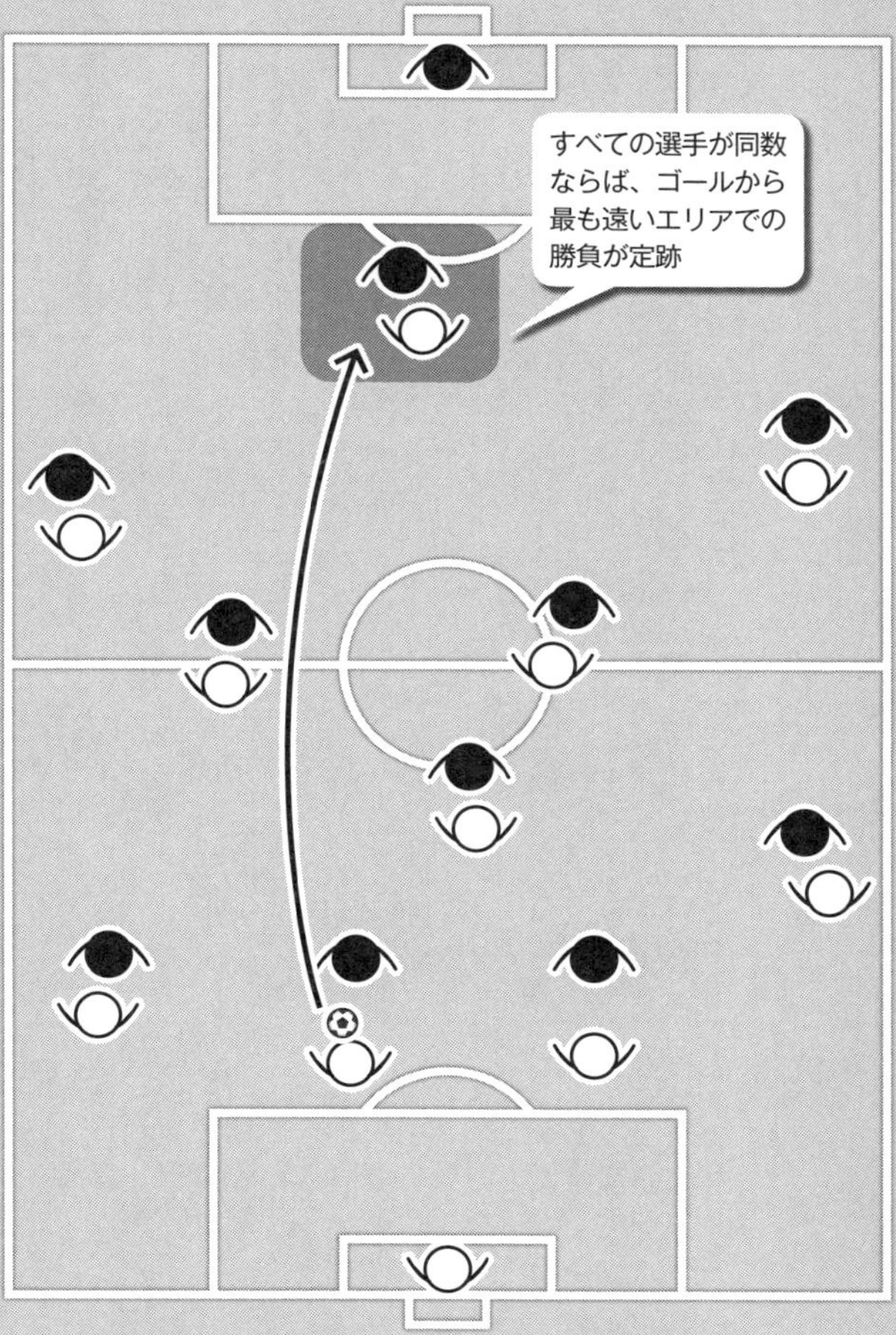

ポイントで勝負をするか、一対一で仮に負けても即失点にならないエリアでの勝負を挑むか、の2択となります。大抵の場合は、後者での勝負となります。勝てるかもしれないし、勝てなくても致命傷にならないからです。ボールを失っても致命傷にならないエリアとは、相手のGKとCBの間にあるスペースであることが基本なので、まさにボールを落とせるキックを持つGKの価値が高まっています。

ゾーン1はボール保持側にとって、ボールを奪われたら即失点の危険エリアです。よって、難しいことはさておきロングボールで解決！ というスタイルのチームも当然存在します。プロの試合でも時々、果敢にボール保持を挑んだ挙句このゾーン1でボールを奪われて即失点という場面に遭遇しますが、チャンピオンズリーグに出るような上位チームでも見られる形なので、ボールを繋いでいくチームにとってはある程度は仕方ないリスクなのかもしれません。

ゾーン1でボールを繋ぎたいチームにとっては、人数の優位性が鍵です。実は、GKをフィールドプレーヤーとして計算すると、人数の優位性を手に入れることは容易だったりします。仮に、相手がオールコートマンツーマンを仕掛けてきたとしても、相手のGKが味方のFWのマークに参加することはないからです。２０１４年のワールドカップで、ドイツ代表GKマヌエル・ノイアーの、ペナルティーエリアを飛び出してクリアーしたプレーが話題になりましたが、さすがのノイアーでも、相手のFWをマークしていた！　なんてことはありません。

ゆえに、サッカーは11対11のようで、「11対10」のスポーツだという解釈も可能となります。自陣のゴール付近でボールを保持することは、数的優位であることを考慮すると、リスクを受け入れる度量と技量さえあれば見た目ほど危険ではありません。**［図3－3］**

さて、ゾーン1でボールを前進させる主な方法は、先ほども言った通り2種類に分けられます。ショートパスでボールを前進させていくスタイルと、ロングボールによる速攻スタイルです。それぞれのチェックポイントを見ていきましょう。

図3－3

11対10

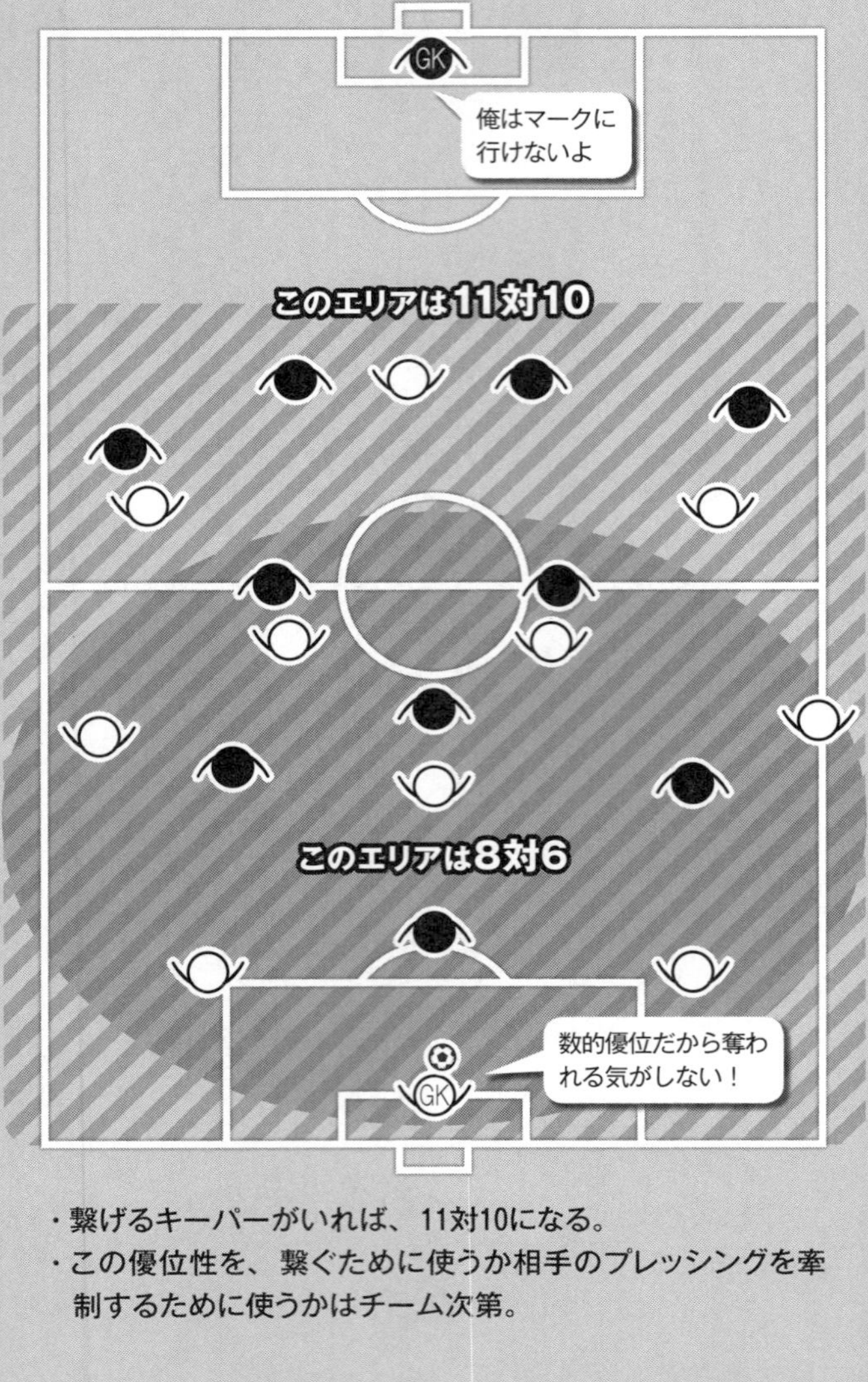

・繋げるキーパーがいれば、11対10になる。
・この優位性を、繋ぐために使うか相手のプレッシングを牽制するために使うかはチーム次第。

ショートパスによる前進：ビルドアップ

地道にボールを繋いで、相手の1列目を突破、無効化していく作戦がショートパスによる前進、いわゆる「ビルドアップ」です。ヨーロッパではマンチェスター・シティ、Jリーグでは川崎フロンターレの代名詞となってきています。ただし昨今はグローバル化によって、世界の戦術が一気に各国に広まりやすくなっており、どのチームもある程度はボールを繋げるようになってきているのが実情です。

ビルドアップは数的優位を前提に行われているので、ボール保持側の注目ポイントは、フリーマンを発見できるかどうかにあります。フリーマンとは、文字通りに相手からフリー、つまり時間とスペースを得ている選手のことで、フリーマンにボールを届けることが第一目標です。

その前提を頭に入れた上で、ショートパスによる前進をめぐる攻防で観察すべきことは、「ボールを保持していないチームの人数と配置、プレッシングルール」と、「ボールを保持しているチームの人数と配置」です。

非保持側からすれば、フリーマンをいかに無効化するか？　という目標を達成することで、相手のビルドアップの設計図を破壊し、ボールを奪う、もしくは効果的な前進をさせないことを目指します。そのための人数と配置、どの位置から前線にプレスをかけるか、を見極めることが、試合分析においては重要です。

仮に非保持側が、オールコートでマンツーマンを仕掛けてきたとします。その場合はピッチのあらゆる場所で両チームの選手の数が同数になります。よって、先に述べた同数の時のルールである、局地戦、もしくは自陣のゴールから遠い位置での勝負を、ボール保持側は選択します。結果、前進のための手段はロングボールが中心になります。ボール保持側がゆっくりとボールを繋ぐ状況にはなりません。それでもGKを入れれば1人多い状況になりますので、何が何でもボールを繋ぐんだ！　と根性を見せるチームはあるかもしれませんが。

しかし、ボール保持側のFWに対して、サッカーの原則では非保持側は＋1枚のDFを残します。その場合、ゾーン1ではボール保持側が2人多い状況になります。この2人とは、GKとフリーマンです。よって、ボールを保持するチームは基本的に数的優位を前提にトレーニングしています。

この数的優位が前提となるので、相手の守備の配置、ルールに対して自軍の配置を修正しながら行えば、ショートパスによる前進は不可能なことではなく、むしろマイボールを失うことなく前進することが高確率で可能となる策といえます。今まではスター選手を揃えているビッグクラブがボールを保持する時間が長い！　というのがサッカーの定説でしたが、昨今のサッカー界ではチームの規模にかかわらず、ボールを持つための準備をしっかりしているチームが、ボールを保持できるように変化してきています。例えば、ブレンダン・ロジャーズ監督時代のスウォンジー・シティや、キケ・セティエン監督のレアル・ベティス、片野坂知宏監督の大分トリニータはまさにそのケースにあたります。選手の質がビッグクラブと比べて高くなくても、ボールを保持する試合ができることを証明しています。ただし、結果は保証できません。ゴールを決められるストライカーがいないからです。ボールを持てることと、試合の結果は必ずしも直結しません。

では今度は、ビルドアップの局面でのボール保持側の状態を分析する上で、具体的なチェックポイントを見ていきましょう。これらの点を確認することで、前進が可能かどうか、もしくは不可能になっている理由に気がつくことができます。

ビルドアップのチェックポイント1：CBの距離

CBの距離が近すぎると、相手は1人の選手で2人のマークを担当できてしまいます。距離が近いので、相手を追いかけ回すプレッシングをしても過負荷にはなりません。しかし、CBの距離が離れていると、相手は1人の選手で2人のマークを担当できなくなります。その状況なら、相手を疲れさせるために、わざとボールを前進させないという選択肢も出てきます。

単純に相手の移動距離を伸ばすという面においても、離れてプレーすることは有効です。相手同士の距離を離すことができれば、相手の中間ポジションでプレーすることも可能となってきますし、走るよりもボールのスピードのほうが速いので、そのうちに時間とスペースを手に入れることができます。もっとも、CBのボールを持つ能力が足りなければ、距離を取ってボールを運ぶことはできません。その場合は、他の選手が移動して3人で横幅を確保してプレーすることになります。【図3-4】

図3－4

CBの距離

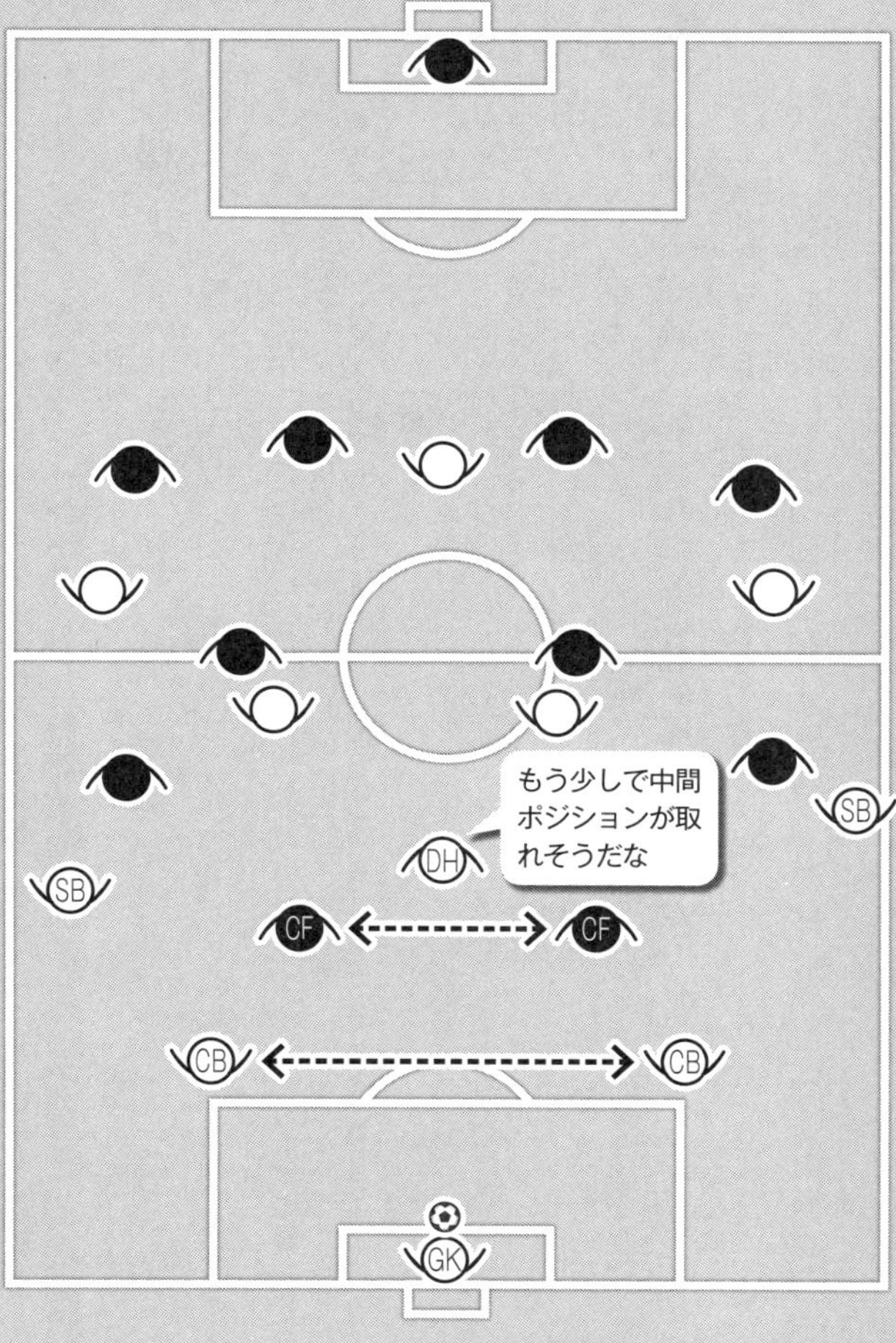

・両CBの幅があればあるほど相手の距離も広がり、中間ポジションでのプレーが容易になる。

ビルドアップのチェックポイント2：列の移動の有無

ＣＢの横幅をチェックした次は、移動を観察します。移動は労力を使うので、ゾーン１ではあまりしないほうが得策です。準備されたプレッシングを回避するためだったり、自分たちのＣＢの能力だったりを考慮しつつ、必要に応じて行うチームが多いのが現状です。列の移動は、ＤＨ＝アンカーが下りる形、ＩＨが下りる形、片方のＳＢが上がる形と多種多様です。【図３－５】～【図３－７】

移動が起きる時のきっかけは、注意して探しましょう。２ＣＢだと繋げないからなのか、相手のプレッシングの枚数に合わせての変化なのか、ただボールを触りたいだけなのか、機械的にやっているのかなどなど、様々な理由が存在します。

また、ビルドアップ時の移動は基本的に数的優位を作るために行われるので、２バックを３バックに変化させる移動が主流ですが、最近はその逆のパターンも出てきました。つまり、ディフェンスラインの選手が列を上げることで、プレッシング回避を狙う、という形です。【図３－８】

図3－5

アンカー下ろし

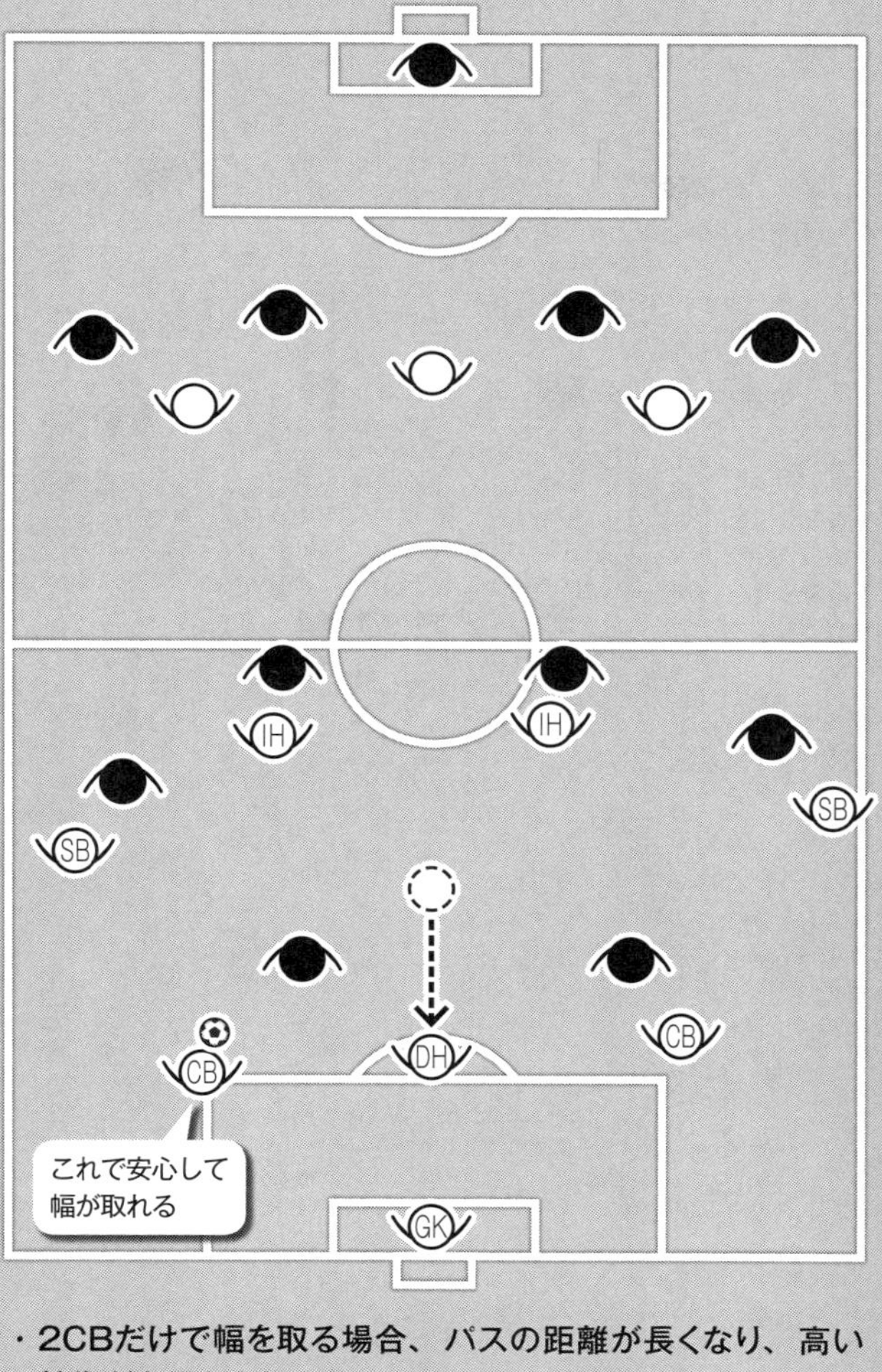

・2CBだけで幅を取る場合、パスの距離が長くなり、高い技術が必要とされる。

・アンカーを下ろして3バックにしたほうが技術的問題を隠し、幅を取ることができる。

図3－6

IH下ろし

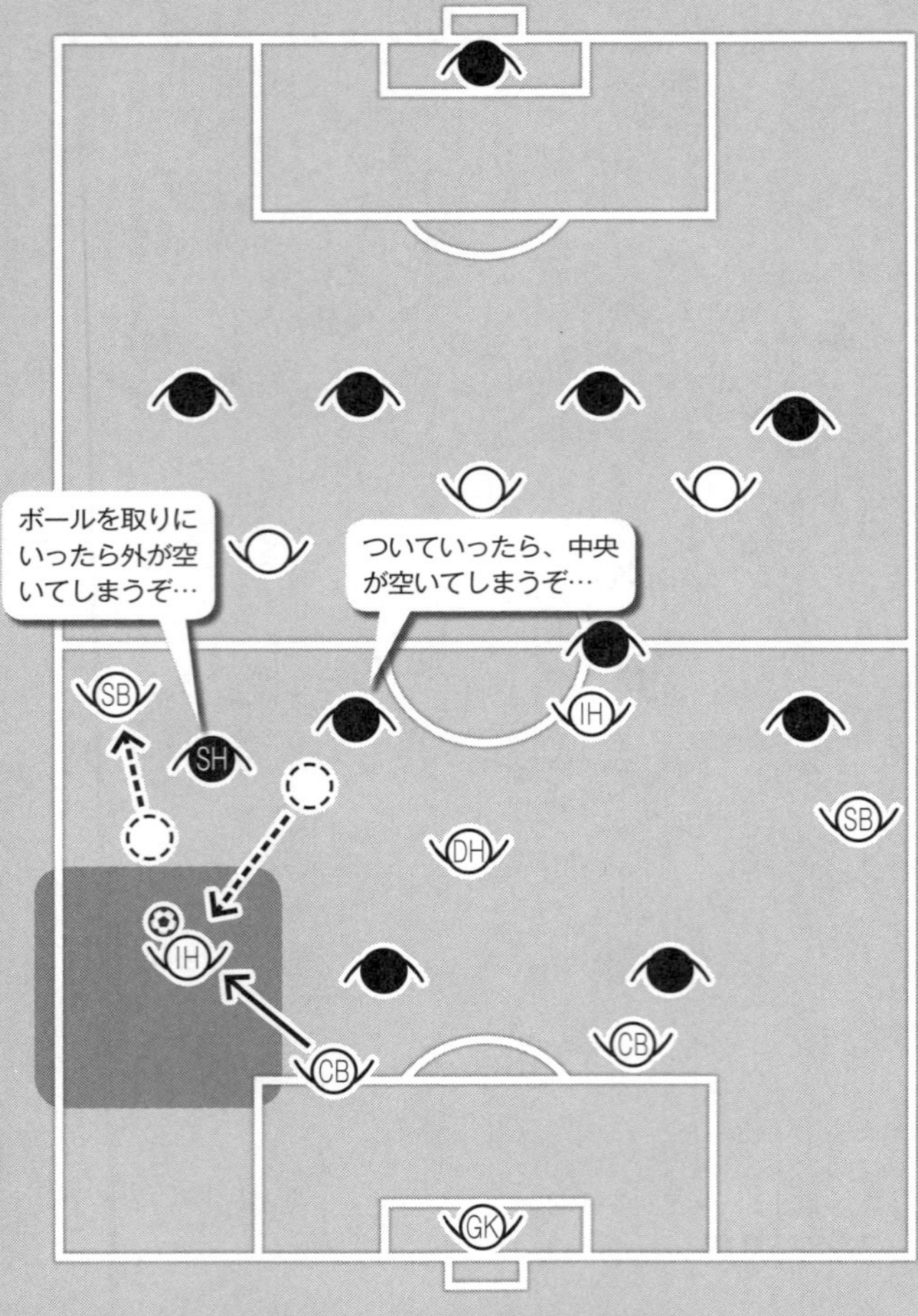

・SHが対応すると、大外の選手が空いてしまう罠。
・中央の選手が出ていくしかないが、中央の選手を動かすことはリスキーなので、プレッシングに行けない。
・ボール保持を安定させたい時の必殺技。

図3－7

SB片方上げ

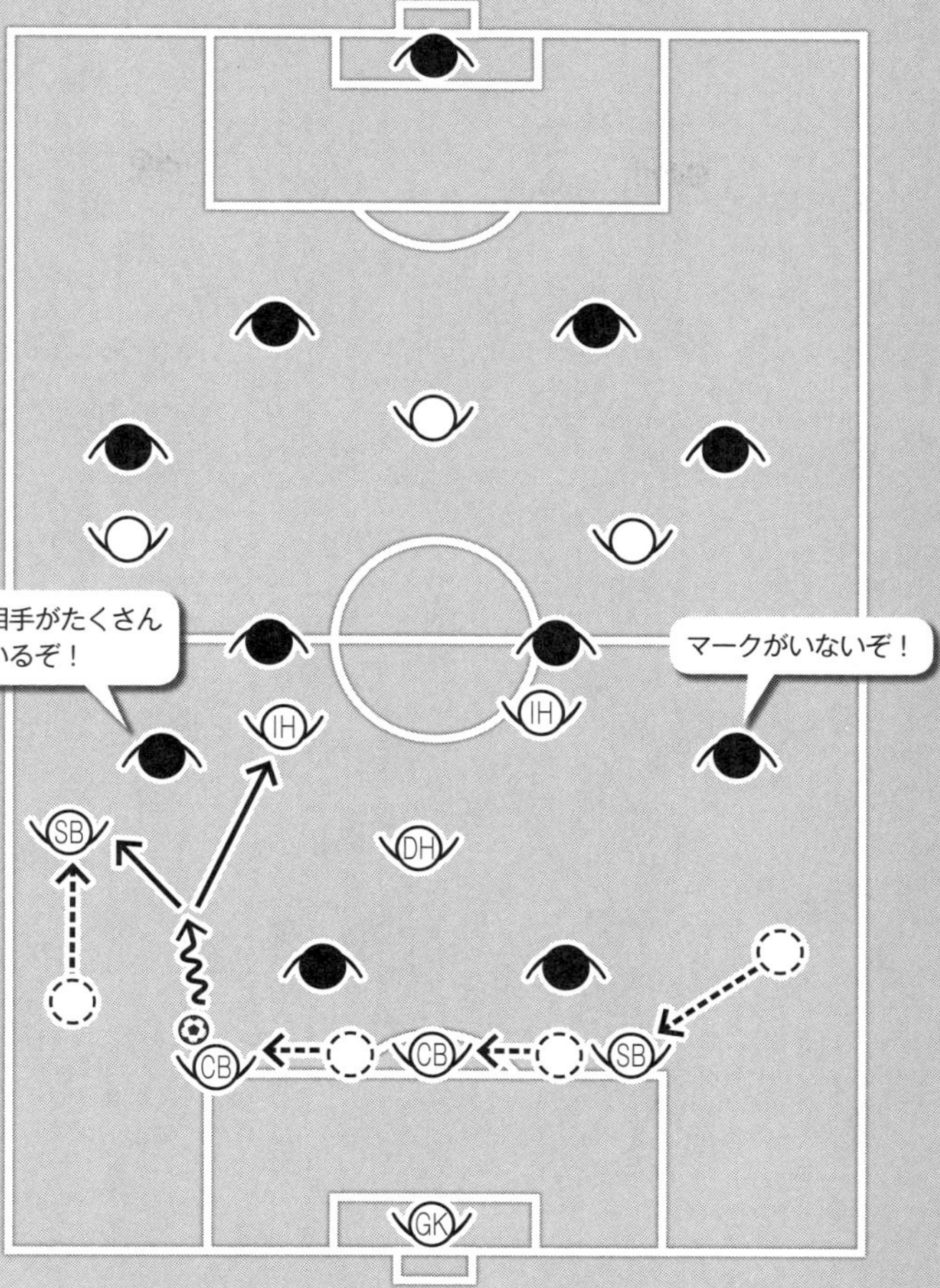

・左右非対称なので、数的不均衡が生まれる。
・不均衡を利用して相手に混乱を与える。

図3－8

CB上げ

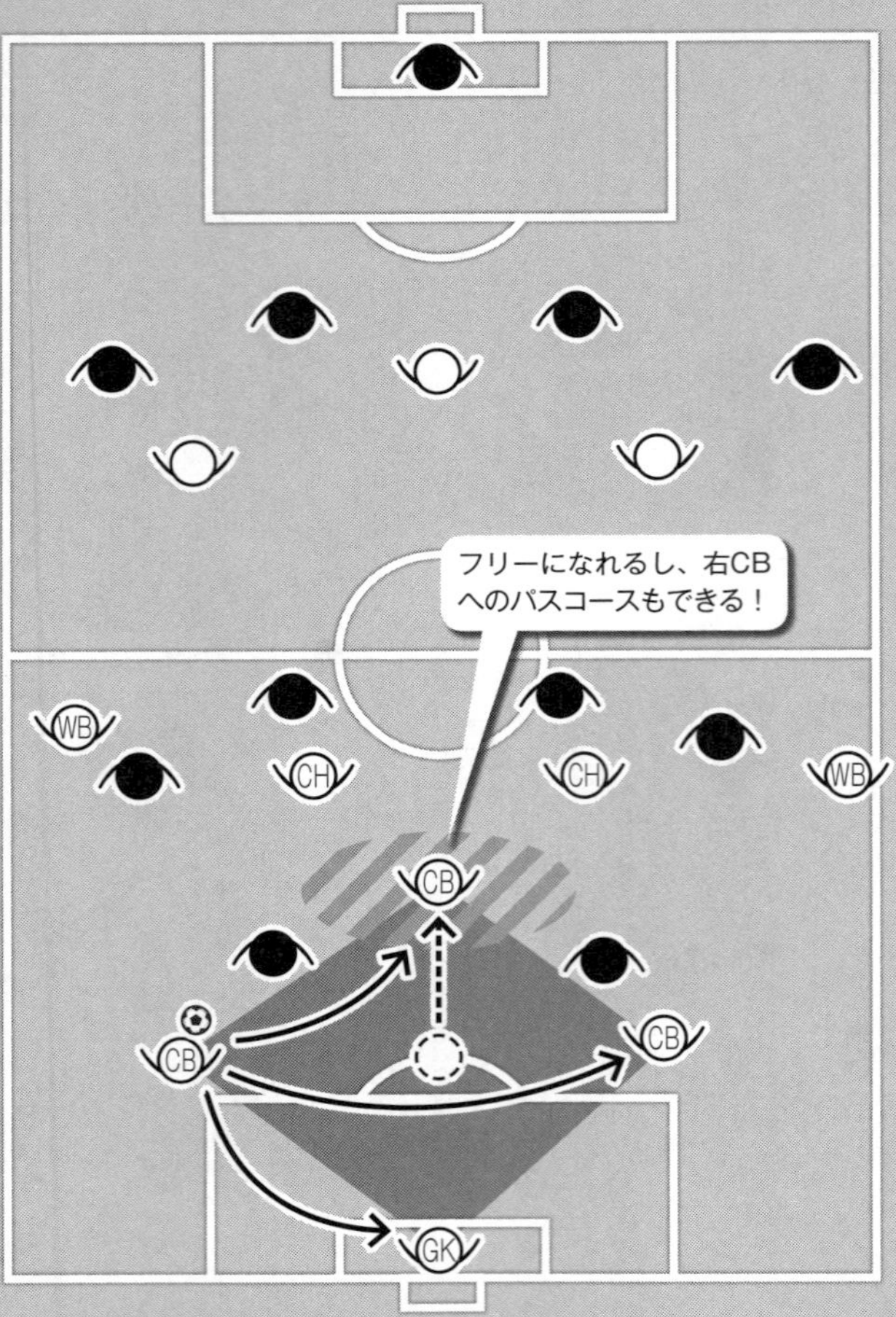

・3バックのセンターが相手の2トップの中間ポジションに移動し、GKを含めたひし形でプレッシングを牽制する。

ロングボールによる前進

ビルドアップによる前進の際のチェックポイントを確認したところで、次はロングボールによる前進です。ポイントは、ロングボールを選択した目的と、ロングボールが届く先での現象です。

ロングボールの目的1：マイボールによる前進

ロングボールを蹴る目的がマイボールによる前進ならば、蹴った後も自分たちがボールを保持していなければいけません。そのためには、「どのエリアにロングボールを蹴っ飛ばすか」が大事になってきます。最近の流行は、空中戦を得意とする選手を、相手のＳＢと競り合わせるパターンです。そのためには、ここなら空中戦で勝てます！　というエリアを事前に見つける必要があります。また、そのエリアの周辺にセカンドボールを拾う選手を配置しているかどうかも重要です。例えば、ユベントスのマリオ・マンジュキッチは

よく相手のSBと競り合っていますね。これをマンジュキッチ大作戦と私は呼んでいます。［図3－9］

マンジュキッチ大作戦への対策としては、単純に空中戦の強い選手を配置する形が効果的です。日本代表でいえば酒井宏樹がそれにあたります。かつてアーセナルに在籍していたバカリ・サニャも空中戦に強いSBとしてガンガン存在感を発揮していました。

ロングボールの目的2：局面の移行

ロングボールを蹴る目的が局面の移行にあるならば、ボールがマイボールになっている必要はありません。なぜなら、自分たちのボール保持局面から相手のボール保持局面への移行が目的ならば、相手にボールを渡すというプレーを選択する必要があるからです。ただし、自陣のゴール前で相手にボールをプレゼントしたらゲームオーバーなので、「ボールをあげるけど、あなたの陣地から攻撃を始めてくださいね」というメッセージ付きのロングボールが、局面移行を意図するチームの最善の策となります。

もちろん、蹴った先の相手陣地でマイボールになれば、なお良しです。ただし、相手ボ

図3－9

マンジュキッチ大作戦

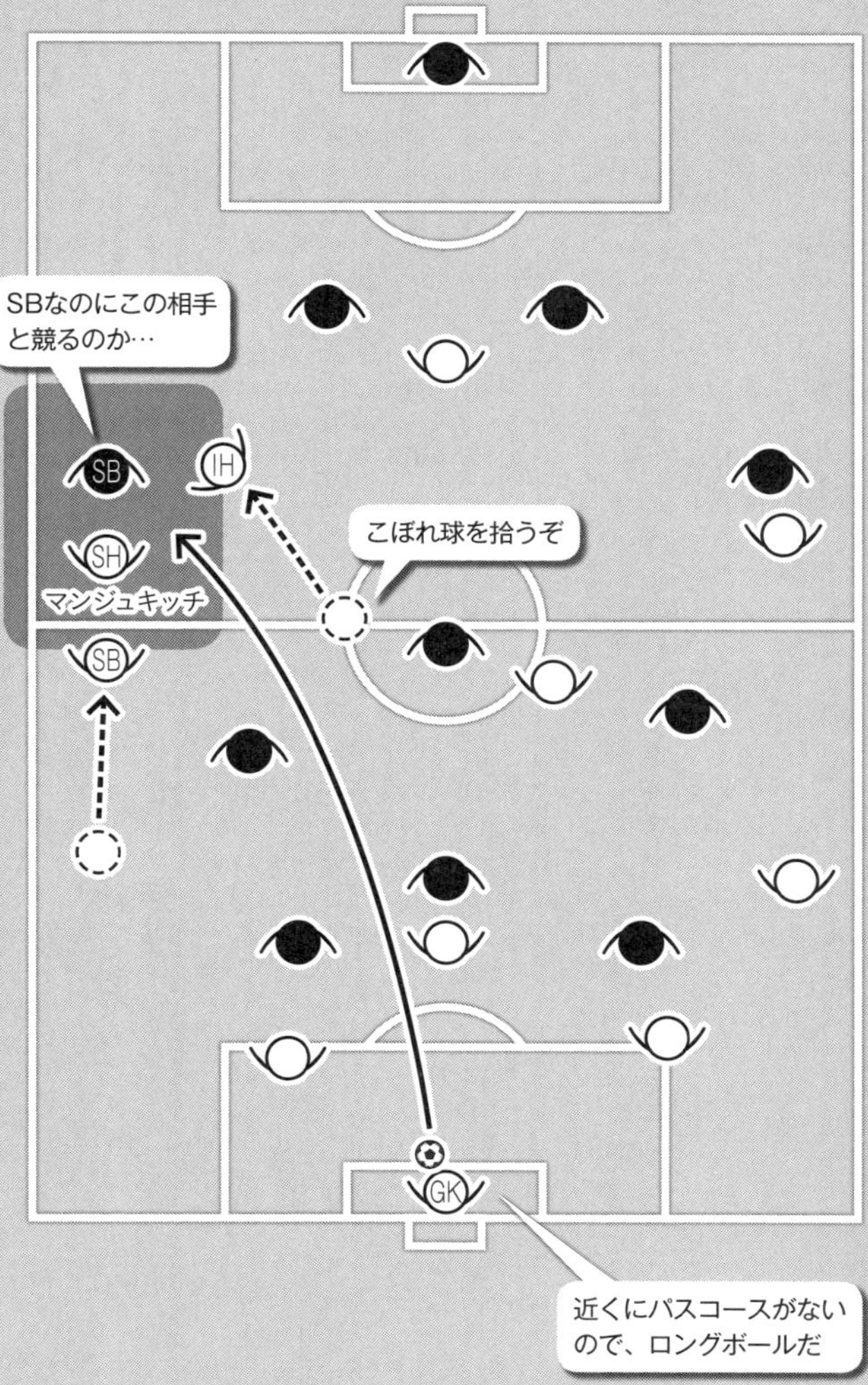

ールになっても問題はないと考えているので、ロングボールを狙うエリアでの成功、不成功にそこまでこだわりはありません。こだわりがあるとすれば、自分たちのボール非保持時の配置が整っている状態で相手にボールを渡せているかどうか、となります。そもそも相手にボールを渡すこと自体に、陣地の回復や自分たちのハイプレス局面に移行する目的があるからです。

逆に、「相手にボールを渡したけれど、配置の準備が整っていない！」となれば、一気に試合の流れを持っていかれる可能性が高くなります。また、「相手にボールを渡して、こちらのプレッシングで勝負だ！」と意気込んでみても、相手のほうがボール保持に光明を見つけてしまうようだと、ロングボールによる局面の移行によって、さらにネガティブな状況に追い込まれてしまいます。現代のサッカーは、あらゆる局面の噛み合わせに対応できるようにするか、「この局面だったら我が軍は最強です！」のように鍛えていくか、どちらかの選択を求められている気がしています。

ロングボールの目的3：裏狙い

ロングボールでは空中戦ばかりが行われているわけではありません。相手のディフェンスラインの裏まで蹴っ飛ばすパターンもあります。快速FWを走らせるか、相手にボールを渡して、相手陣地からのプレッシングを開始することが狙いです。ゴールを狙うというよりは、ボールを相手陣地の奥深くに蹴っ飛ばすことで、自陣から遠いエリアでのプレー時間を増やす狙いがあります。かなりの安全志向です。

ロングボールを蹴る選手

ボールを持っている選手がフリーな状況ならば、質の高いロングボールを蹴ることが求められます。この場面での質とは、チームの狙いに合ったボールを蹴れるかどうか、ということです。相手よりも空中戦で優位に立てる選手がいるならば、競り勝ちやすい、ふわっとしたボールを蹴らなければいけません。スペースへの走り込みを得意としている選手がいるならば、走り込みのタイミングに合わせて、目指しているエリアにボールを置くように蹴る必要があります。

また、相手の守備に捨てているエリアが存在する時は、その位置にボールを供給できるかどうかが大事になります。ゾーンディフェンスの泣きどころである逆サイドに、正確なロングボールをコンスタントに蹴ることができれば、特別な選手といえるでしょう。最近ではキックの精度が半端ないGKが多数出てきました。元祖は元アルゼンチン代表のロベルト・アボンダンシエリですが、最新型はブラジル代表のエデルソンです。ロングキックの精度がいつのまにかGKに標準装備される未来になっていきそうです。この調子でGKのロングキックが進化していくと、ボール非保持側が常にGKまでプレッシングに行かなければならない未来がやってくるかもしれません。

クリアー

同じロングボールでも、例外事項といえるのがクリアーです。クリアーは、選手の配置がめちゃくちゃになっており、今にも失点しそうな状況を回復するために行われます。混乱を回復する時間を稼ぐために、クリアーはピッチの外、もしくは相手の陣地まで蹴っ飛ばす必要があります。ボールを繋ぐかクリアーするかの判断基準は、周りの配置が整理されているか否かです。周りの配置が整理されていれば、自陣からボールを繋ぐ判断をしても、一見安全には見えないかもしれませんが、正しい判断といえます。

　しかし、周りの配置が整理されていなければ、自分はパスを出せても、次の選手がパスを繋げる選択肢があるかどうかはなんともいえません。よって、選手はチーム全体の配置が整っているかを認知する必要があります。ボールを繋ぐ時は、自分の未来だけでなく隣の選手の未来も見ながらプレーをしなければいけません。隣の選手の未来が見えないならば、何かアイディアを提供するか、パスをしない判断が正しいといえるでしょう。

ゾーン1　チェックポイント

【目的】

□ボールを前進させられているか？

【手段】

◆ビルドアップ◆

□フリーマンにボールを届けられているか？

□CBの距離は適切か？

□列の移動はあるか？

◆ロングボール◆

□マイボールによる前進が目的
→ボールを失っていないか？

□局面の移行が目的
→非保持時の配置は整っているか？

□裏狙いが目的
→スペースに選手は走れているか？

第4章

ゾーン2
～スペースの創出と配置の破壊～

ゾーン2：崩して壊せ

ゾーン２は試合中に最もボールが存在するエリアです。ゾーン１からビルドアップでボールの前進に成功すると、時間とスペースを持ったまま、ゾーン２に突入できるメリットがあります。ロングボールの場合は、空中戦が行われたり、相手がそばにいたりする状況でのプレーが余儀なくされます。

ゾーン２におけるボール保持側の目的は、「相手ゴール前にスペースを作る」ことと、「相手の配置をイレギュラーな形にする」ことです。そのためには、相手の２列目と３列目の間でボールを受けたり、相手の２列目を越えるボールを出したり、ゴール前へのパスコースを作る必要があります。

一方、ボール非保持側は、ボール奪取からのカウンターを狙います。

それでは、ゾーン２での目的を達成するためにはどうすればよいでしょうか。つまり、相手を「崩す」ための手段には、どういったものがあるでしょう。

崩しの手段1：ボールの横移動

ピッチの横幅は、厳密にいえばスタジアムによって違いますが、基本的に68メートルです。そのサイズを４人でカバーすることは物理的に不可能です。68メートルを４人で平等に分担すると考えると、１人の受け持つエリアは17メートルとなります。17メートルといえば、４車線の道路より広いのです。隣の選手とそんなに離れていたら、カバーリングは間に合いません。よって実際の試合では、外のレーン、もしくはボールサイドでないエリアを捨てて味方同士の距離を近くすることで、誰かが突破されてもカバーリングに行けるような協力体制を、ボール非保持側は取るようにしています。

その原則に対してボール保持側は、相手の選手同士の距離を広げることで、協力体制の無効化を狙います。相手がたくさんいるところへ突撃することは、どう考えても効率的ではありません。よって、相手が捨てているエリア、つまりピッチの横幅ぎりぎりまでボールを運び、相手を動かす必要があります。「タッチラインを選手に踏ませるんだ！」とよく言われるように、サイドに選手を配置することが何よりも重要です。サイドにボールを運びたくても、誰もいなければボールはタッチラインを割っていくだけだからです。さらに重要なのが「飛ばすパス」です。元日本代表監督のイビチャ・オシムは「各駅停車でボールを回すな！」と言っていましたが、隣のポジションの選手にパスをするのでなく、もう一つ奥の選手にパスをすることで、相手をより動かすことができます。【図4－1】

さらに、近年のサッカーで重要になっている横幅の使い方が「サイドチェンジ」です。一気にサイドを変える、ロングボールによるサイドチェンジは、ボールの前進を可能にしますし、選手の質的優位で相手を殴る一対一にも繋がります。相手が中央を圧縮すればするほど、ボールサイドでないエリアにはスペースが生まれます。【図4－2】

よって、そのエリアにボールを届けられるような精度の高いロングボールを蹴れる選手は、希少価値が高くなってきています。例えば、J2にはなかなかいません。それが町田ゼルビアの2018年の大躍進に現れています。相手のボールサイドに対して、町田ゼルビアは極端に選手を集めてスペースをなくしました。逆サイドのスペースを捨てているわけですが、J2では、空いている逆サイドを有効利用できるチームがなかなか現れなかっ

図4－1

横幅の使い方

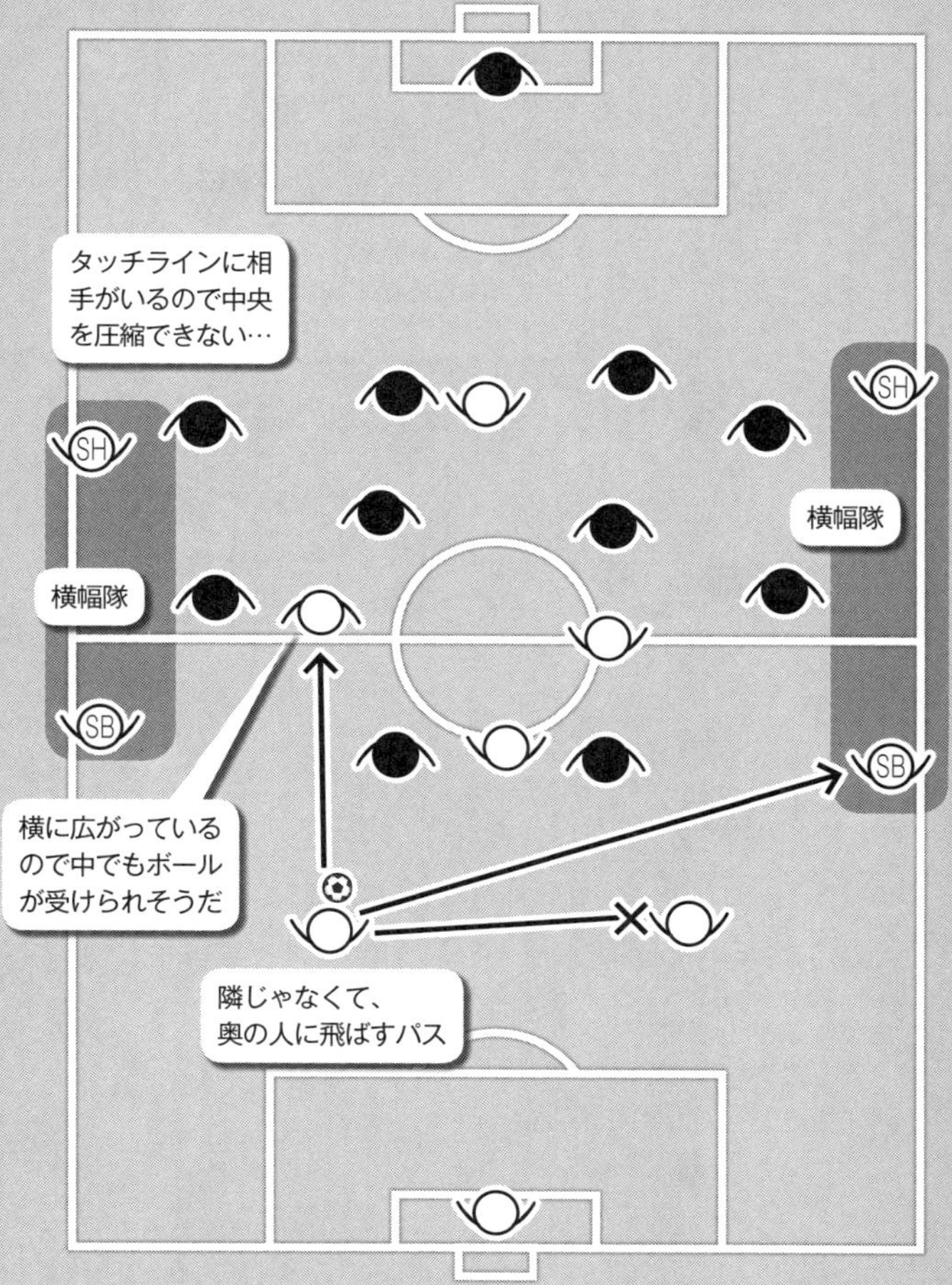
タッチラインに相
手がいるので中央
を圧縮できない…
SH
SH
横幅隊
横幅隊
SB
SB
横に広がっている
ので中でもボール
が受けられそうだ
隣じゃなくて、
奥の人に飛ばすパス

図4－2
サイドチェンジ

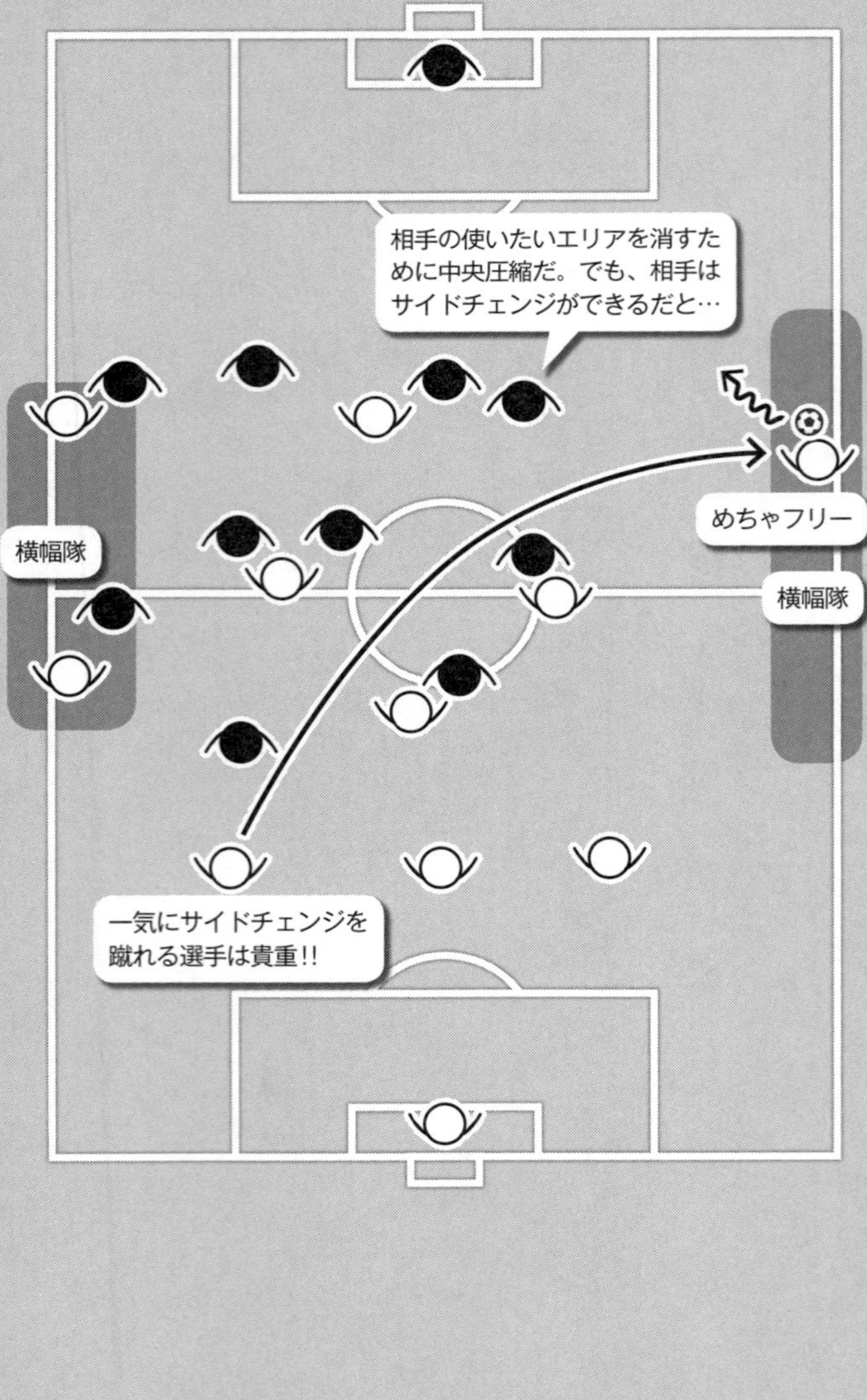
相手の使いたいエリアを消すために中央圧縮だ。でも、相手はサイドチェンジができるだと…
めちゃフリー
横幅隊
横幅隊
一気にサイドチェンジを蹴れる選手は貴重!!

たこともあり、最後まで上位争いを繰り広げました。

崩しの手段2：ボールの縦移動

相手を動かすには、横幅だけでなく、縦幅も必要になってきます。縦にボールを動かす最大のメリットは、相手の視野を動かせる、つまり、身体の向きを動かせることです。

あなたがDFだと想像してみてください。相手が、自分がいる列を越えるパスをした時は、ボールの方向に身体の向きを変えて走らざるを得ません。相手の背後を取りましょう、という言葉の裏には、相手の身体の向きを変えましょう、という意味が含まれています。

そもそもボール非保持側には、「自分のマークとボールを同一視野に入れられるポジションに立つ」という原則があります。片方だけ、例えばボールだけを見ていてはどうしようもありません。しかし、どちらを重視して見ますか？　と問われればボールとなります。ボールを全く見ずに、相手だけを見ながら守備をする選手がいたら教えてください。

では、ボール保持側が相手の原則を破るためにはどうしたらいいでしょうか。答えは、「相手の視野外にボールを運ぶ」か、「マークされている選手が、相手の視野外に移動する」です。相手の視野外にボールを運べば、相手は身体の向きを変えてボールを視野に入れようとします。身体の向きを変える時には、ボールを視野に入れるという作業が優先であり、自分のマークすべき対象を視野に入れることは、ひとまず横に置いて行動します。

【図4−3】

ボールを保持する時は、ボールを動かすだけでなく、相手を動かすことが大事です。相手を走らせまくることが大切ですが、相手の視野を動かし、身体の向きを何度も変えさせることも同じくらい重要です。こういった動作の連続が、ボール非保持側の集中力の欠如、疲労に繋がっていくことはいうまでもありません。

さらに、「相手が視野の確保をするために身体の向きを変えた瞬間に、マークを外す動きをしましょう！」ということが、ボール保持側の原則となります。身体の向きをひっくり返すようなボールの動きでなくても、ボールが動けば、人はボールを見ます。つまり、パス交換の連続によって相手の視野を常に動かす過程で、相手からフリーになる選手を作

図4－3

ボールとマーク相手を同一視野に入れる

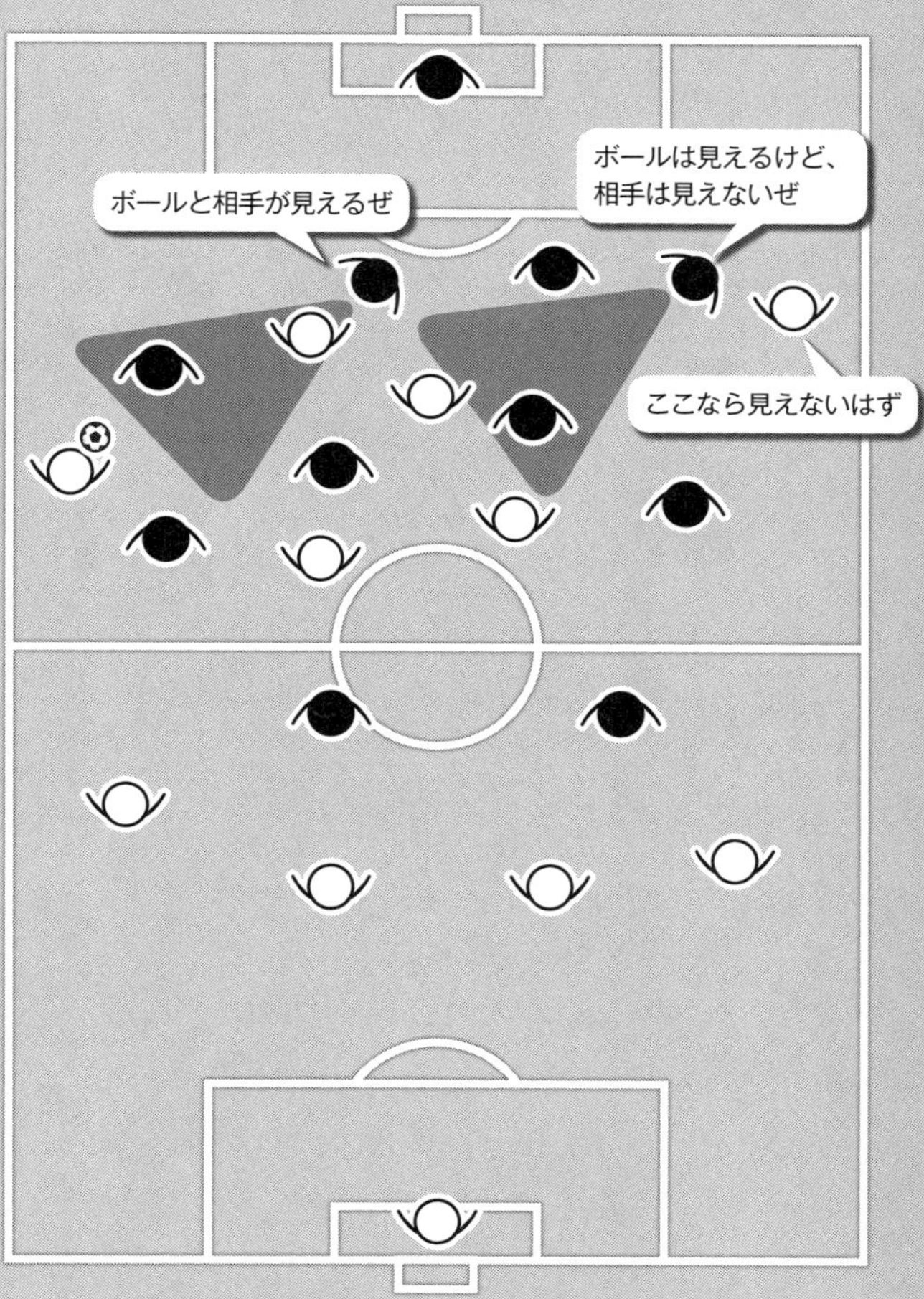

図4－4

マークを外す動き

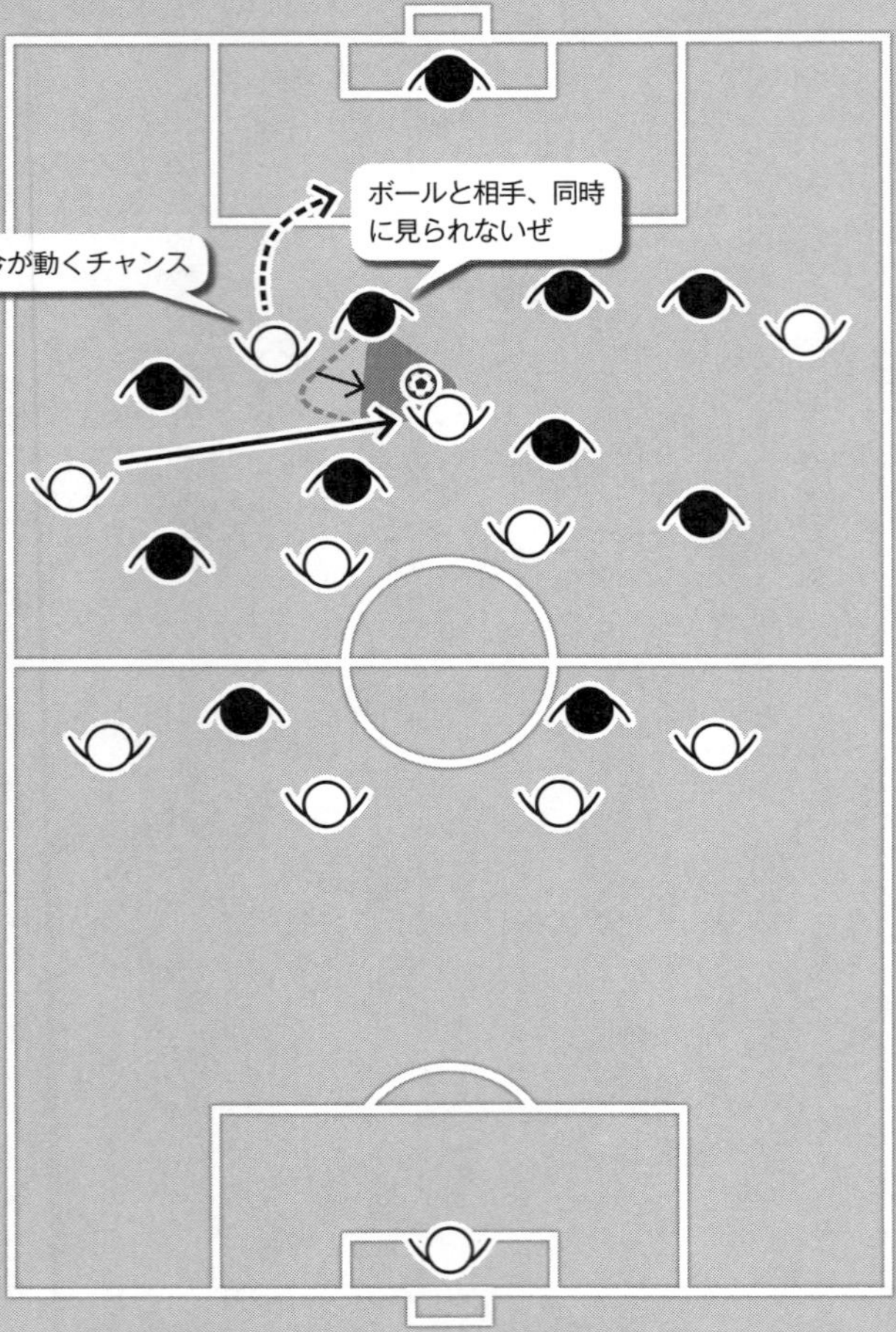

・パスされると、ボールを視野に入れるために身体の向きを
　変える。
・その瞬間に相手を見る余裕はほとんどない。

るということも、ボールを保持する側の狙いの一つとなります。［図4−4］

崩しの手段3：リズムチェンジ・テンポチェンジ

ずっと攻め続けているのに得点が入らない！　というのはサッカーでよく見られる光景です。その理由の一つに、自分たちの攻撃に相手が慣れてしまったということがあります。慣れはプレーの自動化に繋がり、繰り返しの判断による疲労が減っていきます。よって、相手の「これぐらいのスピードで攻めてくるだろう！」という予測を裏切る必要が出てきます。一定のスピードでパスを回し続けるのでなく、パスの強弱を意図的に使い分けることで、パスのスピードが変化する可能性を相手の脳みそに刻み込むことが重要です。

パススピードの変化を相手に見せるとともに、同じ距離でパスを続けないことで、相手に追いうちをかけます。選手の配置を変化させることで、選手同士の距離を変え、パスのテンポに変化を生みます。つまり、ボール保持のリズムとテンポを変化させることで、相手に慣れさせないボール保持をすることが、ゾーン２では大切になってきます。

崩しの手段4：複数の選択肢

ゾーン1からビルドアップで持ち上がってきた場合、良い流れを切らないためにも、相手陣地に入ったフリーなボール保持者に対して味方が多くの選択肢を提供できるかどうかが、このエリアを攻略する鍵となります。つまり、「パスを受けられる選手をどれだけ用意できるか？」ということが問われます。

選択肢が多ければ多いほど、ボール保持者は相手と駆け引きができるようになります。相手からすれば、ボール保持者は誰にパスをするんだろう？　と考えながらのプレッシングとなりますので、その数が多ければ多いほど、プレッシング側の苦悩は続くことになります。

崩しの手段4-1：三角形（外か内か）

パスコースを作るための動きで最も見られる形が、ボール保持者を頂点とした「三角

図4－5

三角形（外か内か）

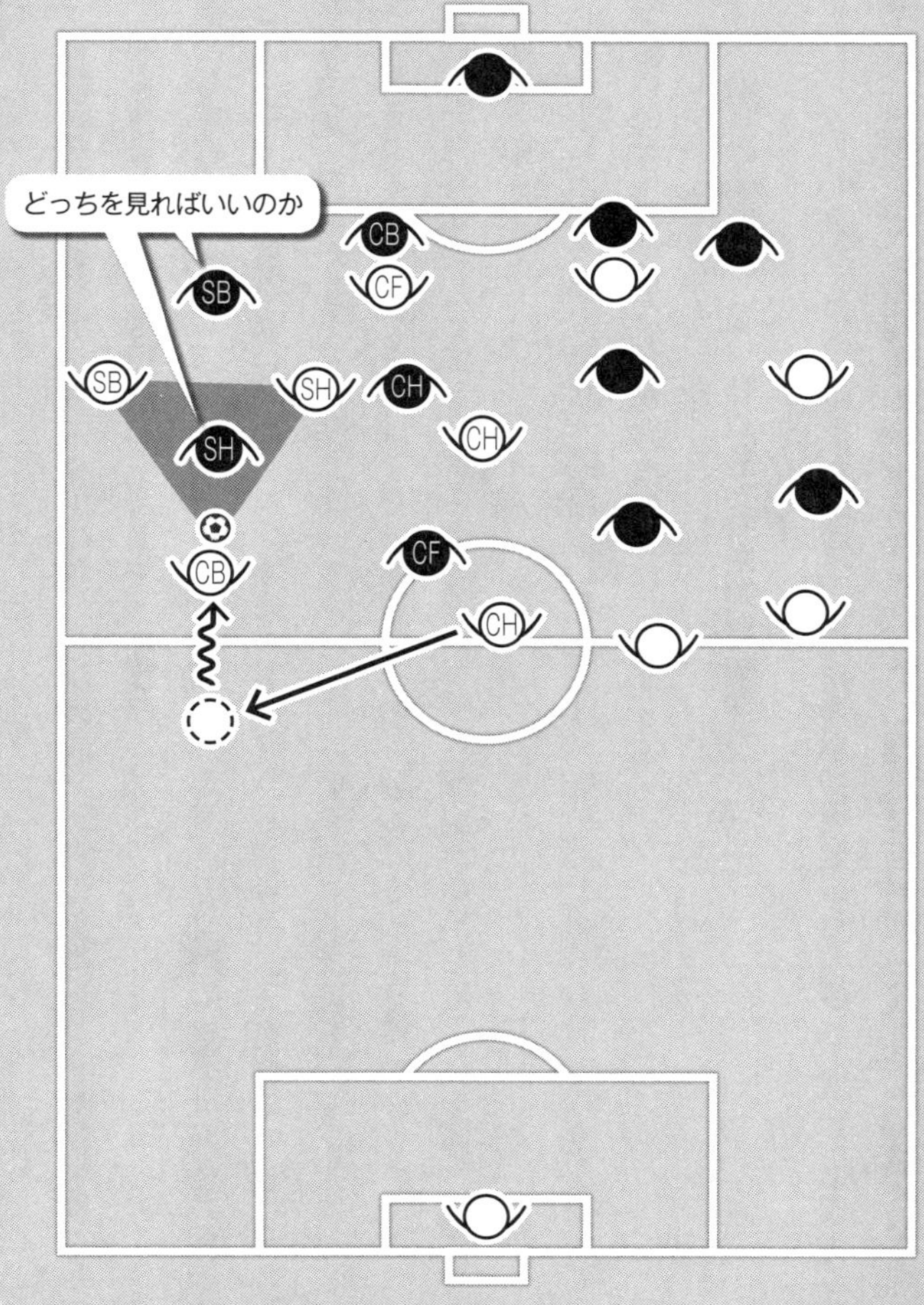

・外と内にパスの選択肢を作ることで、相手の守備の基準点を乱す作戦。

形」を構成する動きです。ボール保持者の右斜め前と左斜め前に選手を配置することで、ボール保持者にパスの選択肢を与えます。【図4−5】

真正面でなく斜め前にポジションを取る理由は、ボールを受ける選手の身体の向きにあります。ボールの真正面にポジションを取ると、どうしてもゴールを背にプレーすることになるので、視野が狭くなってしまいます。ボールから斜め前で待ち、ゴールに対して半身の姿勢を取ることができれば、その分視野を広く取ることができます。

また、非保持側からしても、斜めのサポートのほうが、相手とボールを同一視野に入れにくい形となります。

外の選手にボールが出たら、内側にいた選手は一気に外の選手の前方に走り抜けて、新たな選択肢を生むことまでが一連の流れになります。

崩しの手段4-2：ひし形（外か内か奥か）

そして、近年流行している形が、ボール保持者を頂点とした「ひし形」を構成する動きです。三角形の形に縦幅を加えることで、さらに選択肢を増やします。【図4−6】

図4－6

ひし形（外か内か奥か）

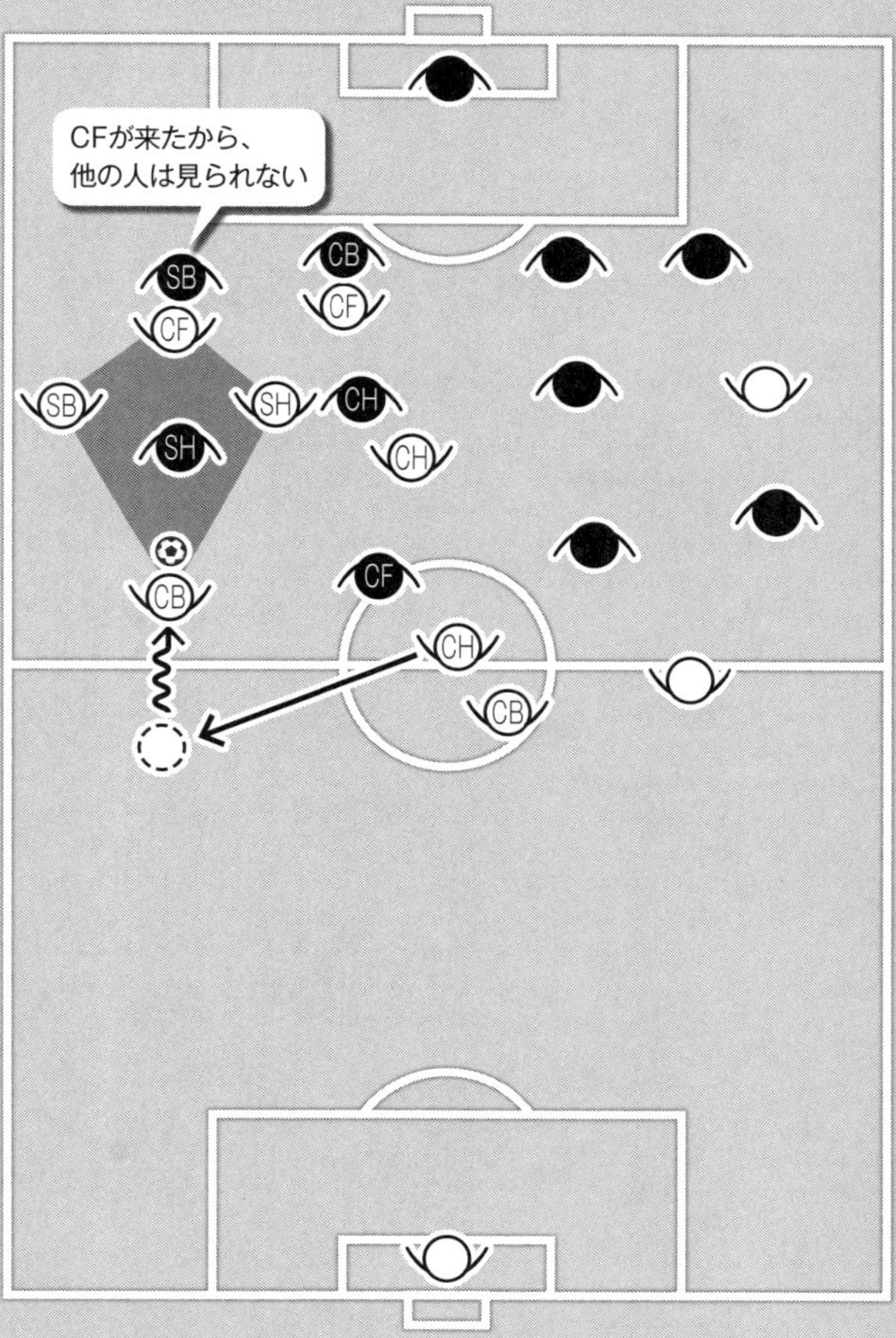

・SBへのピンどめにもなる。
・非保持側はひし形に対する枚数を準備するのも大変。

図4－7

ひし形からの変化

・移動で相手を動かし、空いたスペースを他の選手が使う。
・ひし形に対して相手が同数になれば、攻撃のやり直しをする。

しかし、ひし形の配置の本当の恐ろしさはこれだけではありません。この配置関係がさらに乱れていくことで、ボール非保持側はとても困った状況になるのです。【図4－7】

例えば、横幅を取っているSBが上下に移動します。この時、非保持側はどのように対応したらいいでしょうか。さらに、奥にいるCFが横のSHと配置を入れ替わったり、シンプルに列を下りてきたりしたら、プレッシング側は様々な決断（人を見るか、場所を守るか）を迫られる、困難な状況に陥ります。

相手に、変化なしに対応できない状況を与えることこそが「戦術的」な行動です。そのために相手の最初の配置や守備のルールを壊せるような準備をしているかに、日々の練習の成果が現れます。試合の分析中に、その準備をしっかりと見抜けるようになりましょう。

崩しの手段4－3：ポジションチェンジ（旋回）

しかし、こちらが準備してきた戦術に相手が全く対応できない、なんてことはサッカーの試合ではあまりありません。よって、準備してきた配置をさらに改良する必要があります。単純に選手を増やすことで形を変化させる（三角形→ひし形）ことはスタンダードな策となっています。ただし、相手のカウンターを考えれば、人数を増やすことはどのチームでも気軽に行える策ではありません。

そこで、人数を増やさずに配置を改良するために行われる最もポピュラーな策が、「ポジションチェンジ」になります。

ボールを動かすチームの三角形の配置に対して、非保持側がよく取る対策が、マンマーク気味に対応するという変化です。そのルールを逆手に取って、三角形の配置についている選手がポジションを入れ替えます。これがポジションチェンジの基本です。その動作がくるくる回っているように見えるので、私は「旋回」と呼んでいます。相手はマンマークで対応していても、持ち場を離れてどこまでもついていくのは困難です。相手の対策を逆手に取った戦術的な作戦といえます。【図4－8】

さらに、選手を入れ替えると、それぞれの選手に与えられた役割も変化します。実はこの変化もかなり重要になってきます。選手は駒ではありません。それぞれに個性の違いがあります。よって、ポジションを入れ替えれば、それまで通りに機能性が保たれるか？というと、なんともいえません。ただし、その個性の差異はピッチで起きる現象に影響を

図4－8

旋回

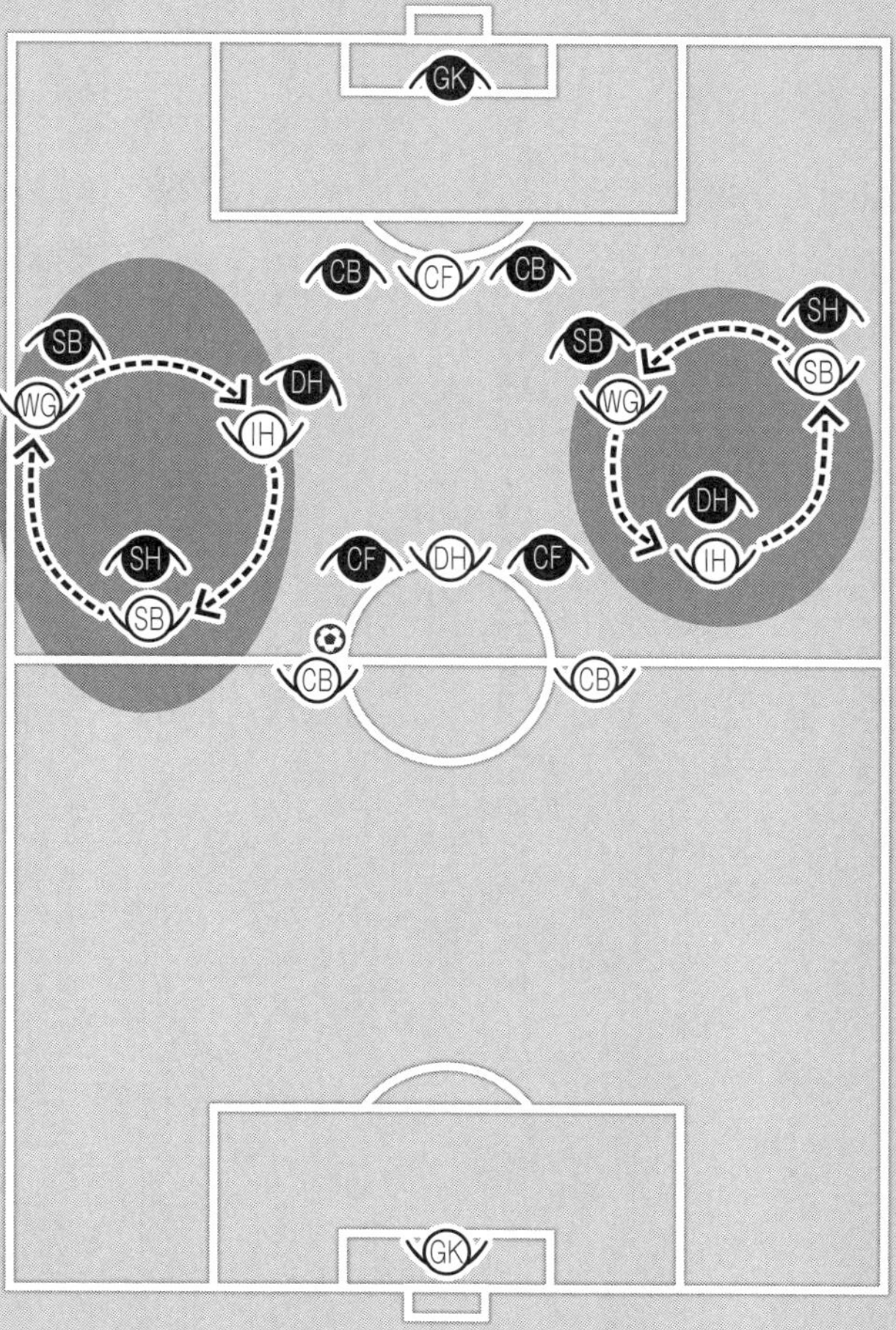

・攻撃の起点となるべき選手に選択肢を与える三角形。
・相手がマンマークで対応してきた時には、旋回することでマークを振り払う。
・また、個性の変化によって攻撃に変化を加える。

与えます。この差異が相手の慣れにも影響を与えます。

例えば、攻撃の起点となる選手が上手くプレーできていないとしましょう。その場合、フリーの選手を見つけられてその選手にボールを届けられる選手や、相手を自分に引きつけることで、周りの味方に時間とスペースを供給できる選手と入れ替えるという修正が必要になります。これらのポジションチェンジは、相手への対策というよりも、自分たちの修正という意味合いが強いです。

崩しの手段5：複数の守備の基準点で生まれるズレ

ゾーン1においてですが、3バックに対して、2トップでどのようにプレッシングをかけるか？　という命題があります。2人の選手で3人に守備の基準点を置き、ボールを奪いきることはなかなか難しいです。よって、数的不利な状況においてボールを奪うことは諦めるけれど、その代わりに相手に自由にボールを前進させないという狙いに、ボール非保持側は切り替えることのほうが多いです。例えば、攻撃の起点になるのが苦手な選手に

図4－9

複数の守備の基準点を生む

・ゾーンの約束事である守備の基準点を利用しているともいえる作戦。

・それぞれの選手に守備の基準点が決まっているので、相手はそれ以上に人数を集めることが重要。

ボールを誘導したりします。

これと同じ状況を、ゾーン2において、ボール非保持側の2列目でも発生させたい、と狙うことがあります。例えば、相手の2列目が4枚なら5枚、3枚なら4枚の選手を準備すると、このエリアでも「3バックに対して、2トップでどのようにしてプレッシングをかけるんだ問題」と同じ問題が起きます。【図4－9】

ただし、これが狙えるのは、相手の1列目がプレッシングを熱心に行わない場合に限ります。狙うエリアは相手の1、2列目の間のエリアになるので、1列目のFWが戻ってくると、この作戦は使えません。しかし、スター選手ほど熱心に守備をしてくれない問題は、ビッグクラブの悩みの種として存在し続けています。つまり、ビッグクラブの1列目は守備をしない、もしくは免除されていることが多いです。よって、彼ら相手でも勇敢にボールを保持するチームにとって、ご褒美のようなエリアといえるでしょう。

ゾーン2　チェックポイント

【目的】

□相手ゴール前にスペースを作れているか？

□相手の配置をイレギュラーな形にできているか？

【手段】

□ボールはレーンを越えて横に移動しているか？

□ボールは列を越えて縦に移動しているか？

□リズム、テンポに変化をつけられているか？

□三角形やひし形を構成し、味方に複数の選択肢を用意できているか？

□相手に複数の守備の選択肢を持たせられているか？

第5章

ゾーン3
～ゴール前の攻防～

ゾーン3：最後は個の能力？

とうとうゾーン3、ゴール前に到達しました。ゴール前で最も大切なことは、もちろんゴールを決めることです！　最も白熱するエリアであり、ゴールを決めたい⇕決めさせたくない、のせめぎ合いが起きるので、時間もスペースもない場所です。決定機、つまりシュートを打つまでの設計図作りまでは、チーム全体の仕事です。チームで決定機を作るまでの仕組みは準備しよう、しかし、ゴールを決めるのはお前たち選手の仕事だ！　と世界中の監督が言っています。シュートがゴールに入るかどうかは、選手の能力次第です。試合内容や監督のプランを評価する時に、ゴールではなく、決定機の数を基準にしましょう！　という理由がまさにここにあります。

サッカーにおいてゴールは超重要事項なので、チームを作る時はゴールをどのように決めるか？　という部分から逆算しないといけません。どうやって繋ごうか？　どうやって守ろうか？　から考えてチームを作っていくと、で、誰がどうやってゴールを決めるの？

と行き詰まることは、チーム作りあるあるです。気をつけましょう。

あなたのチームがビッグクラブの場合は、札束で点を決められる選手を取ってきて、その選手が得意とする形から逆算して、どのようなサッカーをするかを決めましょう。しかし、年間で20ゴールを決めてくれそうな選手がいない場合は、全員でそのゴール数を決めるしかありません。そんな時に頼れるものは、相手に新たな問題を与え、それを解決しなければならない状況に追い込む、戦術的なプレーになります。では、そんなネタを見ていきましょう。

ビエルサゾーンから打て！

ゴールを決めるためには、誰かがゴール前にいる必要があります。ＣＦがゴール前にいるのは当たり前じゃないか？　と思いそうですが、近年の戦術の発展により、ＣＦの仕事量は過剰になっています。

例えば、ＣＦはボール保持に加わるため、中盤に下がってプレーします。ＣＦの代わりにゴール前に移動する選手がいなければ、ゴール前がからっぽになり、ゴールが決まる確率は限りなく低くなります。また、CFが最初の守備者としてプレッシングのスタートを担うことも多いです。そして、プレッシングに走り回ったCFのガッツが、肝心な時に足りなくなることもよく起きています。

なので、CFにゴール前にいてもらうか、CFに多岐にわたる役割を担わせる代わりに、ゴール前に侵入してくれる選手をあらかじめ準備しておく必要があります。この部分を適当に設定してしまうと、ボール周辺には人が多くてボール保持は安定するものの、相手のゴール前に味方が誰もいないので、得点が入りそうな気配がまるでない状態となってしまいます。

さて、ゴール前に人を配置することに成功したなら、次はどの位置からシュートを打つかが大事になってきます。

ここで登場するのが、「ビエルサゾーン」です。**[図5-1]** ビエルサゾーンとは、左右のゴールポストとペナルティエリアの角を結んだ台形のエリアのことです。名前のまんま、現在リーズ・ユナイテッドを率いるマルセロ・ビエルサ監督が定めたといわれているゾー

図5－1

ビエルサゾーン

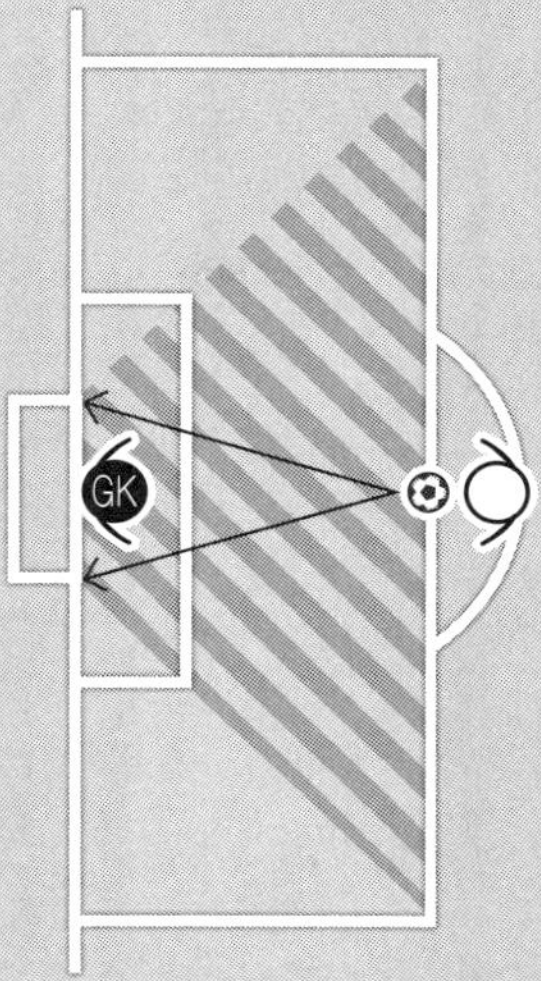

ビエルサゾーン

ビエルサゾーンからのシュートは、GKはコースによっては飛ばないと対応できないので、良いシュートなら決まってしまう。

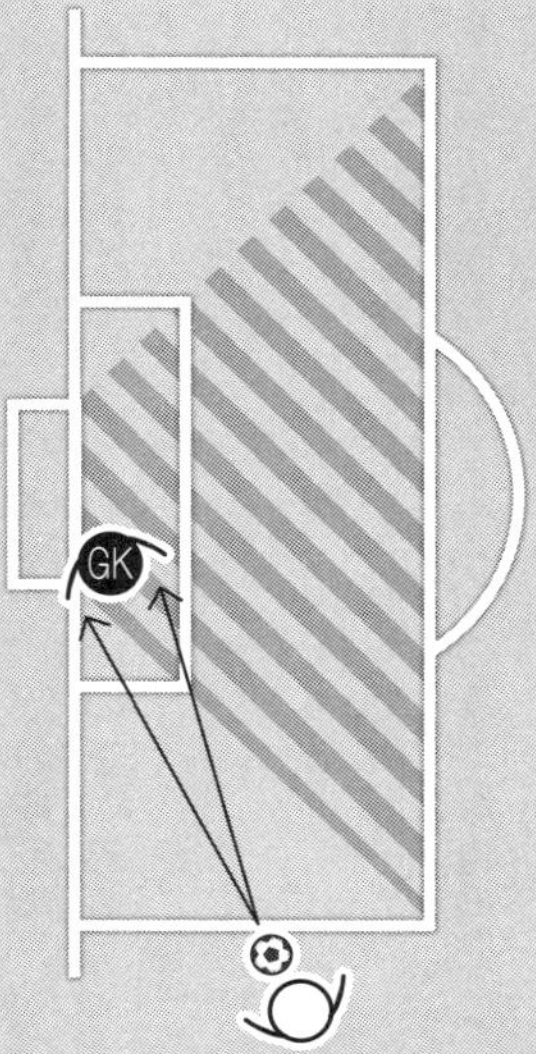

ビエルサゾーン外

ビエルサゾーン外からはシュートコースがないので、GKが正しい位置にいれば、基本的に止められないことはない。

ンです。このエリアからのシュートはゴールに入る確率が高い、というより、その他のエリアからのシュートはゴールに入る確率が大幅に下がります。さて、なぜゴールに入る確率が大幅に下がるのか？

シュートを止める選手は、ＧＫです。横７３２センチ×高さ２４４センチのだだっ広いゴールを、ＧＫは根性で守っています。もちろん、味方と連携しているので、このサイズのゴールをそのまま守っているわけではありません。「じゃあ、どこからどこまでが俺の担当なんだ！」というのを決める時にＧＫにとって大事なことが、どの位置に立ってシュートと対峙するか、という点です。つまり、相手がシュートを打つ位置に応じてＧＫは立ち位置を決定します。

ＧＫの視点から見て、ビエルサゾーン以外からのシュートは、正しいポジショニングにいれば止めることはそれほど難しくはありません。シュートに対して、左右に飛んでボールを止める作業をすることなく、少し動くだけでボールを止めることができるからです。

移動、移動、移動

では、ビエルサゾーンでシュートを打てる状況まで持っていくにはどうすればいいでしょうか？　このエリアでも相手を苦しめる動きは、移動です。特に、レーンを横断するドリブルや移動はほんの少しの時間を味方やボール保持者自身に与えてくれます。また、列移動も相手を苦しめます。特にシンプルな裏抜けは、相手にマークの裏抜けについていくか、いかないかの判断を強いることになります。このように、こちらの行動に対して、相手の行動は常に2種類に分かれます。移動に対して、ついていくか、いかないかです。つまり、こちらの行動に対して相手がどのような行動に出るかをあらかじめ整理しておけば、試合中の判断も早くなります。

このような列移動を利用した攻撃が、「ＩＨ突撃」や中央からの「高速ワンツー」です。「ＩＨ突撃」は、マンチェスター・シティの得意技です。これしかやらないといっても過言ではないくらいです。その名の通り、ＩＨの選手がペナルティーエリアに飛び出していく作戦です。曖昧なポジションにいる選手が裏に飛び出すことで、相手に誰がついていく

かを瞬時に決断させる、難しい局面を作り出します。効果抜群なので、世界中で大流行しています。【図5－2】

「高速ワンツー」は、バルセロナの得意技です。非保持側が、パスと同時にパスを出した選手が猛スピードで迫ってくる状況を止めることは、わかっていてもなかなか難しいです。さらに、縦パスをスイッチとして、パスを出した選手以外の選手も走ってくると、大混乱間違いなしです。ワンツーは初歩の初歩ですが、まさに伝家の宝刀というような切れ味を見せます。【図5－3】

最後に合わせ技です。相手の裏に走り込もう！　と頑張っても、単独ではなかなか成功しません。よって、味方と協力して行います。例えば、1人の選手が下がってボールを受けようとして、その動きに相手がついてきたら、相手が空けた場所に他の選手が侵入する形です。おびき出して仕留める。2010年代からのマンツーマン、人への意識が強い守備に対して生み出された策となります。

図5－2

IH突撃

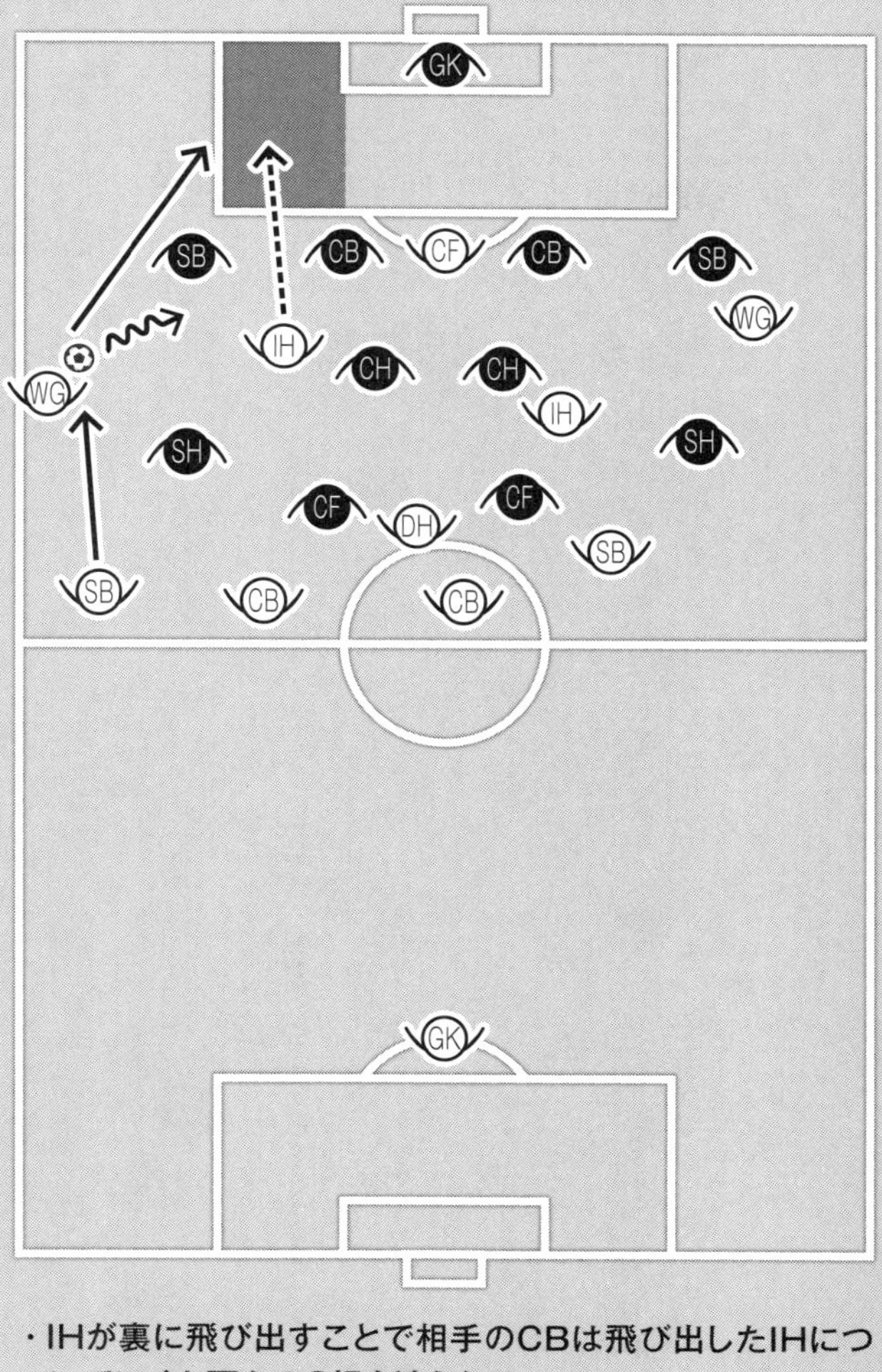

・IHが裏に飛び出すことで相手のCBは飛び出したIHについていくか否かの2択を迫られる。
・WGは相手の対応を見て、パスを出すか中に運ぶかを決定する。

図5－3

高速ワンツー

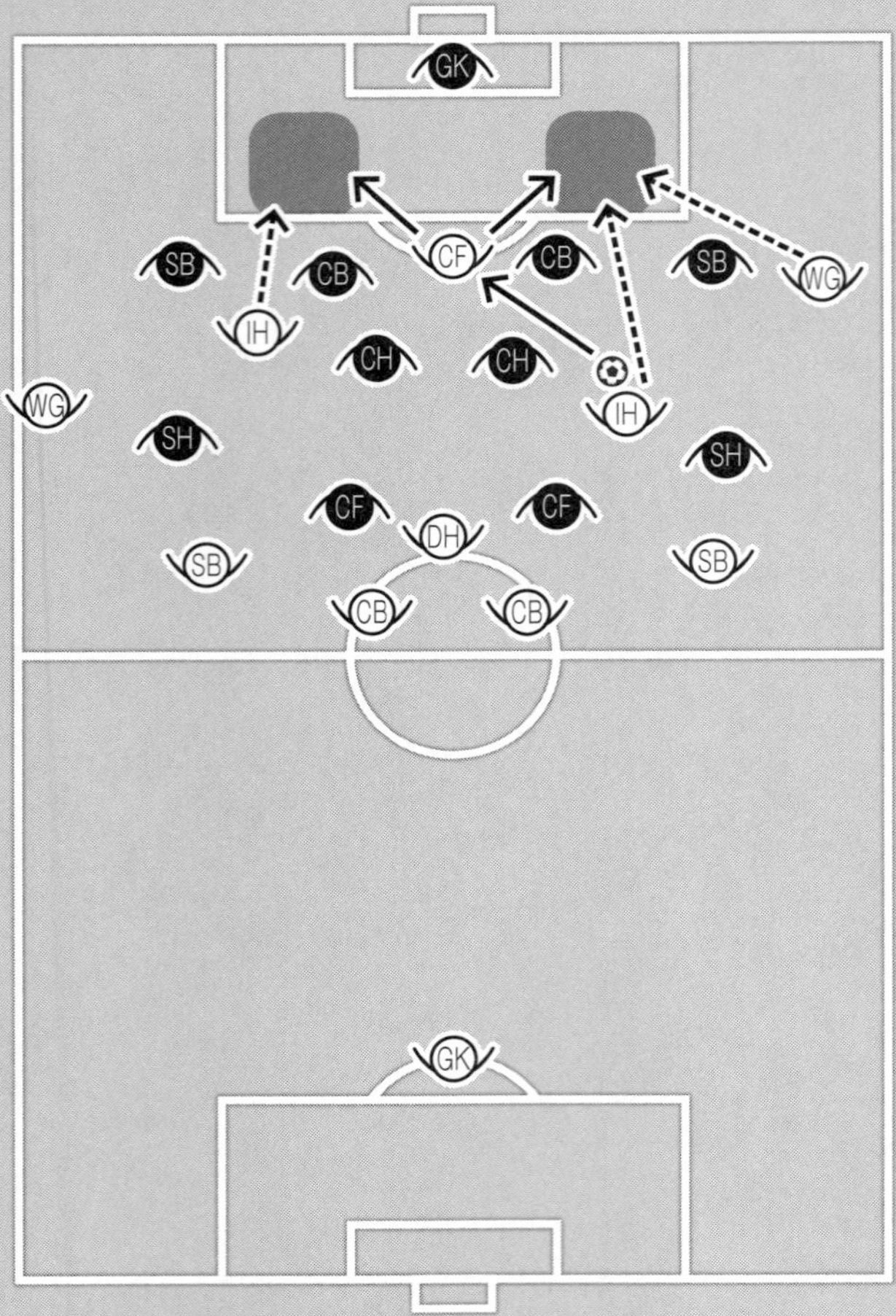

・ワンツーのパターンは様々。
・シンプルなワンツーもあれば、３人目が出てくることも。
・ポストプレーを得意とする選手がいると破壊力が増す。
・大事なのは走り込む選手の枚数。

クロス、クロス、クロス

デイヴィッド・モイーズ監督時代のマンチェスター・ユナイテッドは、1試合のクロス数が81本にも達し、話題になったことがあります。81本はやりすぎ感半端ないですが、クロスも立派な作戦です。

クロスの利点は、相手の視野と関係があります。これからクロスが来るぞ！　という時に、ボール非保持側は確実にボールを見ます。その瞬間に、自分がマークすべき選手とボールを同一視野に入れることは困難です。つまり、相手から自由になる瞬間を得るためにクロスは存在する、というと明らかに言いすぎなんですが、そのようなイメージです。

クロスで攻めるには、高さが重要なことはいうまでもありません。しかし、チームに空中戦で優位に立てそうな選手がいなければ、スペースに蹴るクロスもありです。「アーリークロス」がその代表例でしょう。アーリークロスとは、相手が戻りきっていない段階で、低い位置からGKとDFの間に速いボールを入れるクロスのことです。高さ勝負でなく、ポジショニングとスピード勝負で挑むクロスは、最近はスタンダードになりつつあります。

チームの平均身長が相手より低かったとしても、相手DFの背がもれなく高いということはまれです。そこで、自チームで最も空中戦に強い選手を相手の最も弱い選手にぶつけることで、高さ勝負のクロスでも優位に立つことはできます。かつて、空中戦の強さで無双していた選手がセルビア代表だったCFニコラ・ジギッチです。セルビア代表がドイツ代表と試合をした時に、彼らは202センチのジギッチの空中戦の相手を、170センチのSBフィリップ・ラームに設定しました。そこまでやんのか！　と感心したことをよく覚えています。

SBは比較的空中戦に強くない選手が務めがちです。ボールサイドのSBはクロスを上げさせないよう、ペナルティーエリア外にいることが多いです。逆サイドのSBはファーサイドでクロス対応に追われるので、よって、クロスの標的はファーサイドが狙い目です。しかし、ファーサイドは場合によっては、前述のビエルサゾーンから外れます。よって、直接シュートを狙わずに、ゴール前に折り返す形も多く見られます。この作戦のメリットはそれだけではありません。相手の身体の向きをひっくり返すことで、視野が混乱する状況に追い込むことができるのです。【図5−4】

図5－4

ファーサイドへのクロス

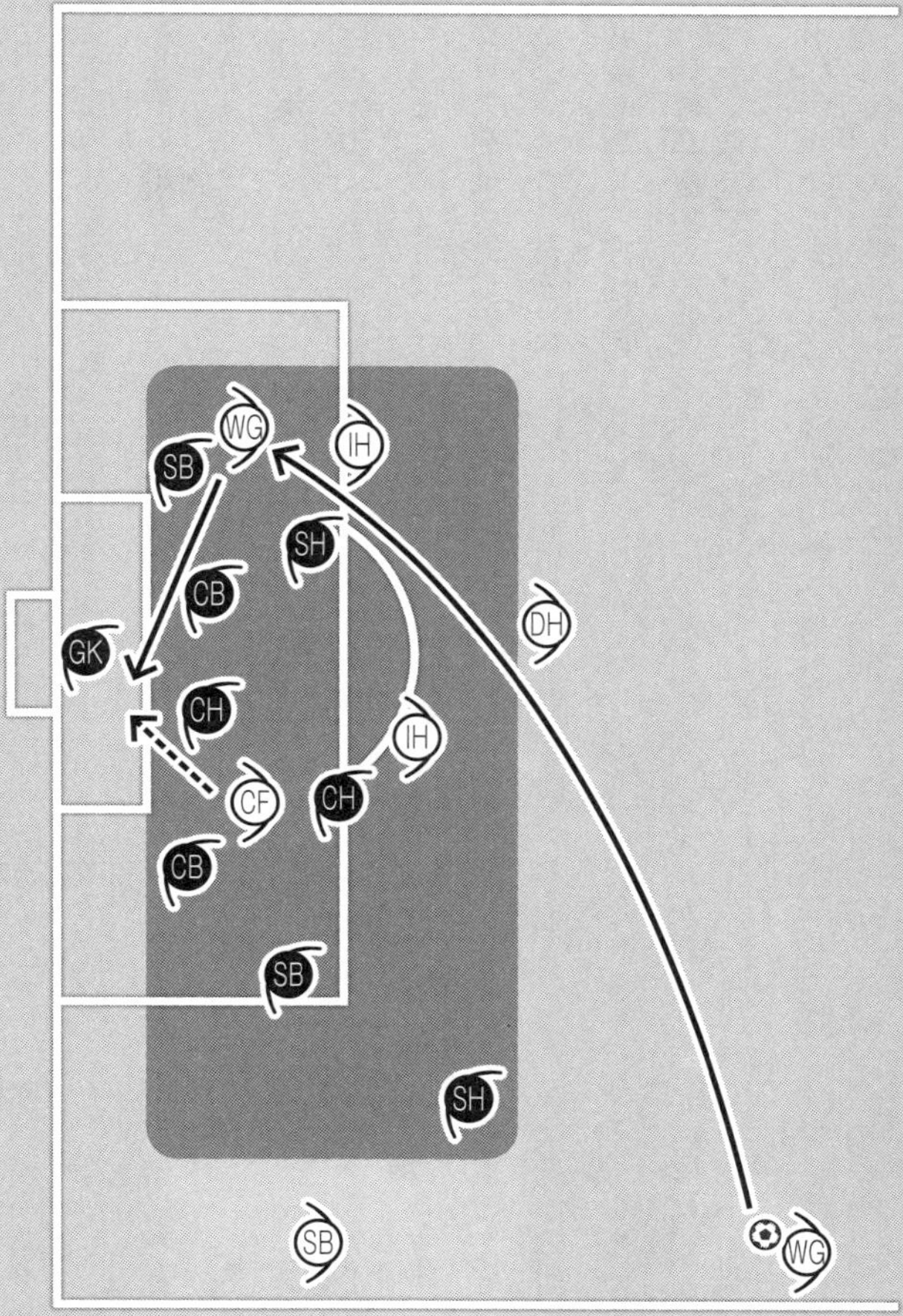

・左WGがクロスを上げる瞬間、守備側の身体の向きは左WGの方向へ。

・大外の右WGが中に折り返すことで、守備者は身体の向きの修正をクロスで1回、折り返しでもう1回する必要が出てくる。

ここで、ボール非保持側の視点からクロスについて考えてみましょう。相手のクロスボールを跳ね返して、しかもマイボールにできれば、守備者は大満足です。しかし、相手のクロスを繋いだり、しっかりと止めて味方にパスをしたりすることは、非常にハイリスクなプレーといえます。よって、守備者は第一にクリアーを考えます。自陣のゴールから遠い位置にボールを出すことができれば、クロスへの対応として問題ありません。

では、どのようなクロスだったら、味方に繋ぐことができず、なおかつクリアーも難しいクロスとなるでしょうか。答えは「自陣に下がりながらの対応を強いられるクロス」です。クロスを跳ね返したくても、下がりながらではボールに強くアタックすることは困難極まりないです。先ほども見たように、自分を越えていくようなボールは身体の向きを変える必要があり、守備者にとってプレーしにくいクロスとなります。マークしている選手もいつのまにかいなくなっています。そして、そのボールがGKとDFの間に来るボールだとオウンゴールの危険も増し、悪夢も良いところです。ペナルティーエリアの角（ペナ角）とペナルティーアークの間を通過するようなクロスがSBの守るファーサイドに飛ぶと、それはもう最悪です。【図5―5】

図5－5

対処しにくいクロス

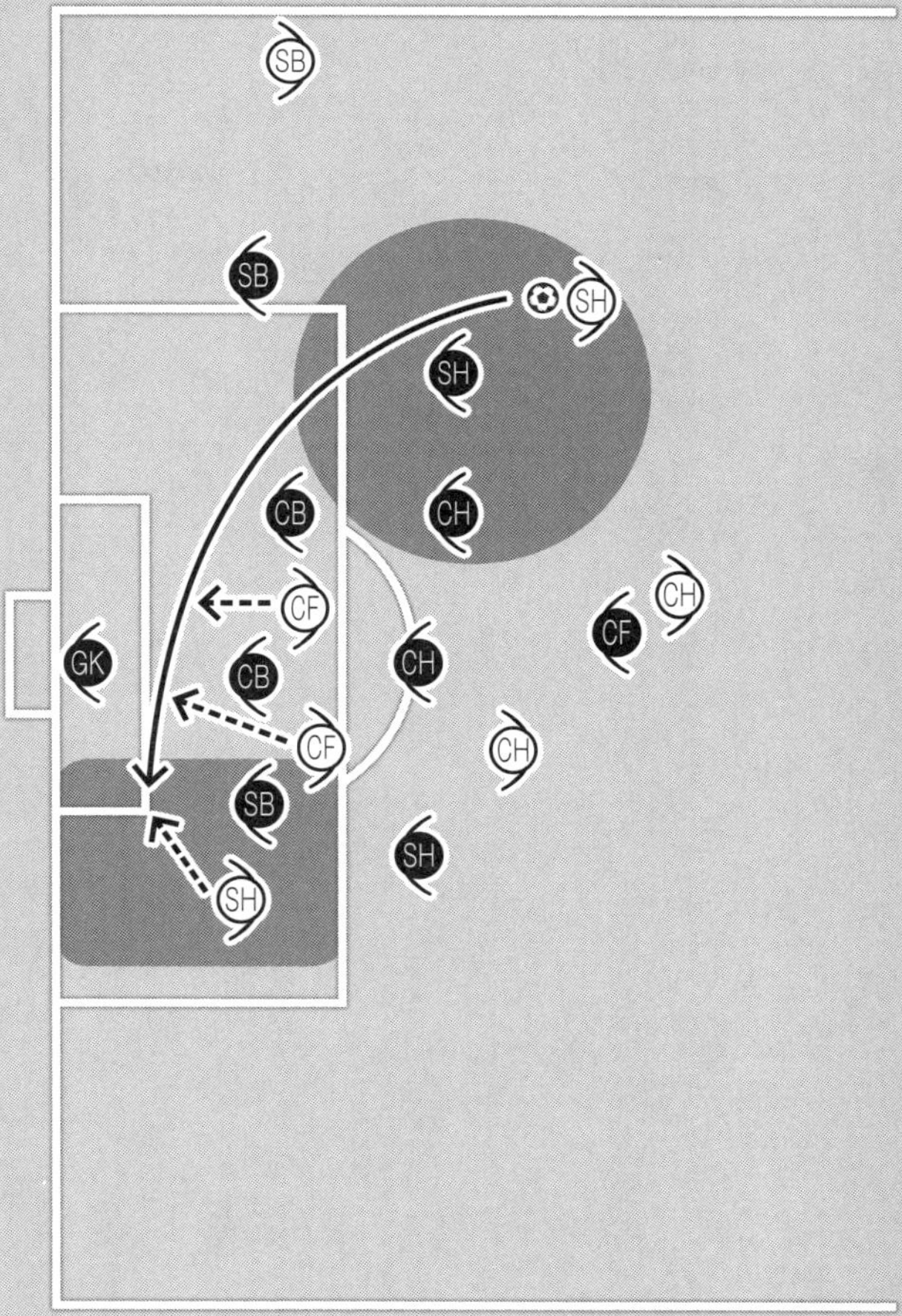

・ペナ角からのクロスをファーサイドに飛ばされると、なかなかクリアーしづらい。

・この位置から素早いクロスをGKとCBの間に蹴れる選手は貴重。

視野の大外からの奇襲

クロスとは異なりますが、「視野の大外からの奇襲」という形は、ボールを保持するチームの最後の手段として使われています。例えばグアルディオラ監督時代のバルセロナは、IHの選手がボールを持つ→相手はゴール前に人を集めて対抗する→相手の守備の配置の外から、主にSBが、相手の裏でボールを受けようと走り込む→そのエリアにボールを送る→フィニッシュか、中央へパスでゴールを決める、という形を得意としていました。

[図5-6]

普通のクロスと「視野の大外からの奇襲」が異なる点は、クロスを上げる位置です。クロスはペナルティーエリアの幅よりも外側から上げることが多いですが、こちらは内レーンで、ペナルティーエリアの少し手前からパスを出します。しかし、パスを受ける味方までの距離が遠いと、相手もその間に対策ができるので、あまりに遠すぎてもいけません。相手の身体の向きのことも考えると、図で示したようなエリアが理想です。これは、相手

図5－6

視野の大外からの奇襲

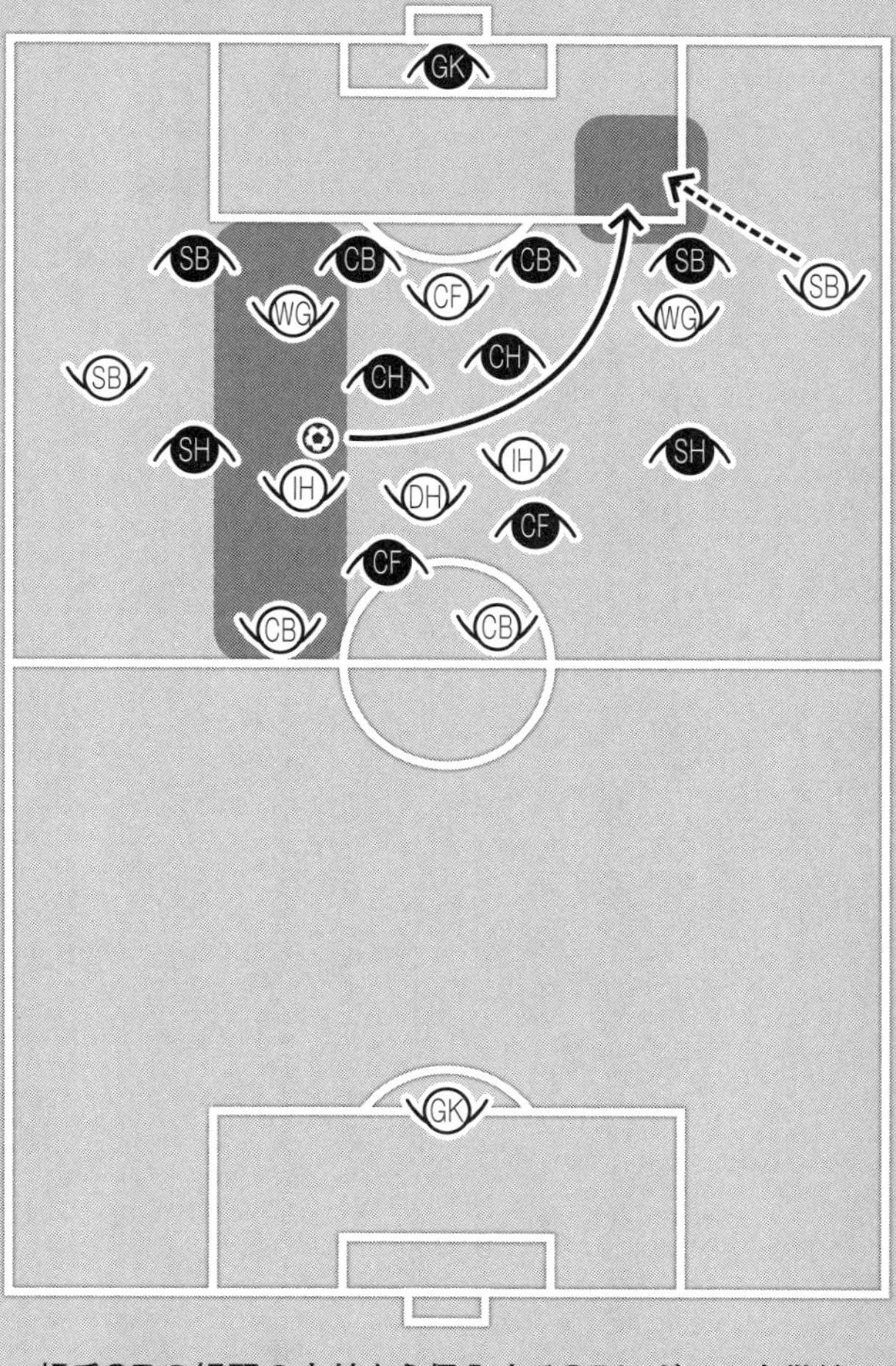

・相手SBの視野の大外から侵入するSBにボールを供給。
・そのままフィニッシュかクロスかは状況による。
・内レーンの、ペナルティーエリアに近すぎず遠すぎずの位置からだとパスの距離がちょうどいい。

が中央を固めているならば、外から攻めようね！　という定跡通りの作戦ともいえます。

天才を解き放て

今まで見てきた通り、フリーになれるスペースの範囲は選手によって異なります。最もスペースがないゴール前のエリアでも、普通にプレーできてしまう選手がまれにいます。つまり、ボールを扱う技術がずば抜けていると、狭いエリアでも広いエリアと同様のプレーができてしまいます。

そういった選手は警戒されて徹底したマークにあっているので、彼にボールを届けるためには、出し手の技術も必要とされます。自分の視線、身体の向きで相手と駆け引きをし、相手を動かせるパスの出し手が必要になってきます。むろん、ドリブルで相手を引きつけられる選手も貴重です。

ここまで、サッカーの試合を分析していく上で大切なことを書いてきました。すべての項目が、実際の試合で起きたことをもとに書かれています。机上の空論は一つもありません。レアケースの出来事には触れず、何度も繰り返し起こった現象を書くようにしました。この章までを熟読すれば、この本に書かれたことが実際の試合でも起きているじゃないか！　と驚くことは間違いなしです。

分析するにあたっての心構えですが、まずは起きている現象が、何がどうしてそうなったのかを理解できるようにしましょう。その次に、ピッチで起きている現象の意図を探ります。この解釈が一番楽しいところです。個人の意図なのか、チームの意図なのか、意図することはなんなのか。そして、その意図は上手くいったのか、いかないならなぜか。理由は自分たちにあるのか、相手にあるのか。答えは必ずピッチに落ちています。何度も同じ場面を繰り返し見ていけば、自分なりの答えは必ず発見できるでしょう。

次の章では、私が実際に日本代表の試合の分析を行う様子を、一緒に見ていきましょう。

ゾーン3　チェックポイント

【目的】

□ゴールを決められているか？

【手段】

□ビエルサゾーンからシュートを打てているか？

□ＩＨ突撃や高速ワンツーなど、効果的な移動を繰り返しているか？

□相手が対処に困るクロスを上げられているか？

□視野の大外からの奇襲はできているか？

□個の力のある選手は、機能しているか？

第6章

日本代表試合分析

～2019アジアカップカタール戦、国際親善試合コロンビア戦～

本書の最後となるこの章では、今まで述べてきたチェックポイントを意識しつつ、私が実際の試合をどのように分析したかを見ていきます。場面が頭に浮かぶような書き方を心がけてはいますが、可能な方は映像を見ながら読んでいただくとより一層理解が深まるかと思います。

今回は、日本代表の試合を2試合取り上げます。2019年6月にコパ・アメリカ出場を控え、ワールドカップから時間が経った今、日本の現在地を確かめる上では重要な2試合といえるのではないでしょうか。

分析：2019／2／1　アジアカップ決勝　日本対カタール

最初の試合は2019アジアカップの決勝、日本対カタールです。決勝では、負けを恐れる両チームがリスクを冒さない試合展開を望むこともあって、つまらない試合になりがちなのですが、この試合はなかなか興味深いものとなりました。ほんのわずかな両チームのプレーの差が、試合に大きな影響を与えたのです。【図6－1】

図6－1

カタール戦　スターティングメンバー

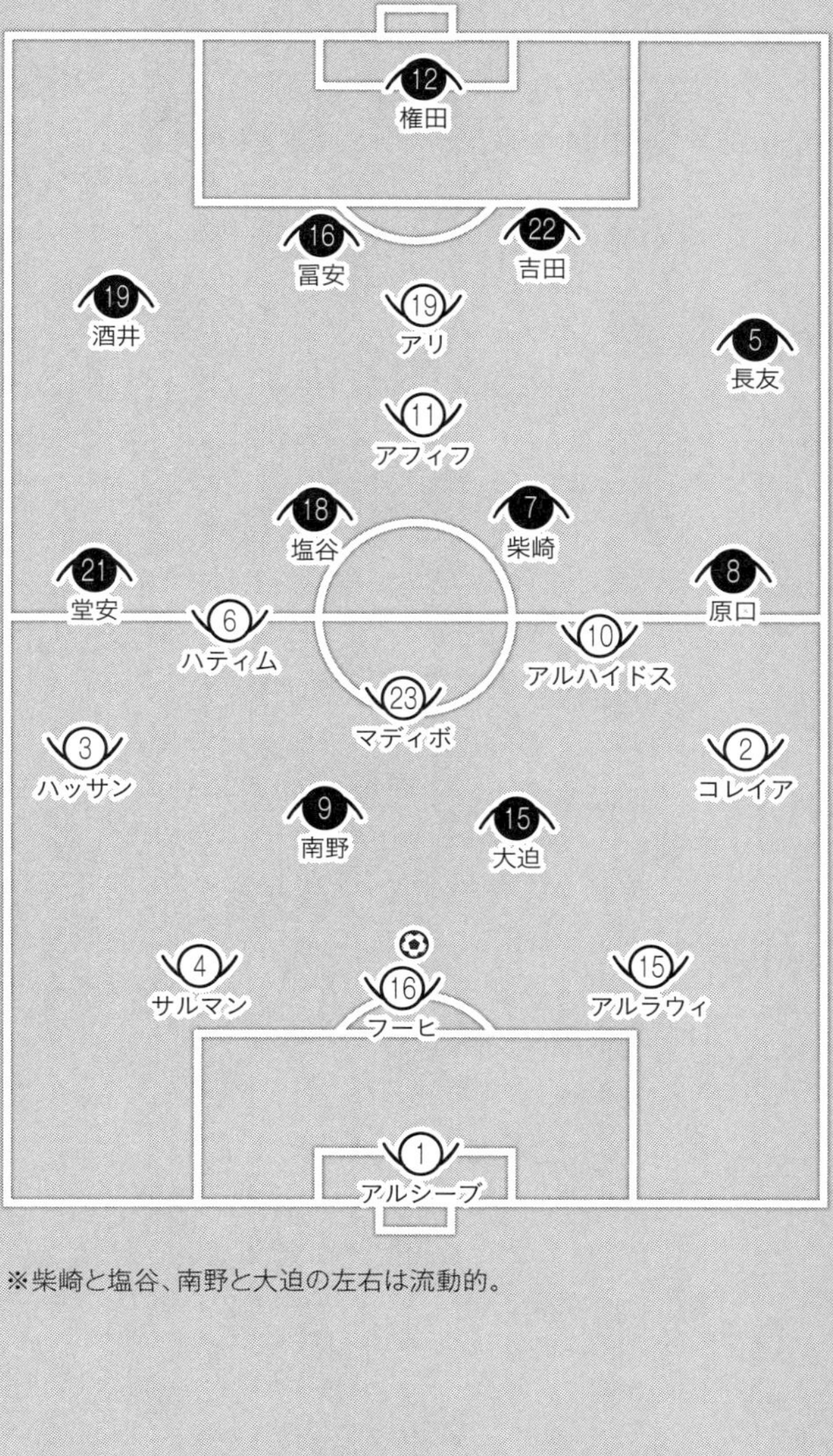

※柴崎と塩谷、南野と大迫の左右は流動的。

キックオフ：いきなり露呈した日本の精神状態

日本のキックオフは、バックパスからのロングボール、という形で始まりました。しかし、相手のプレッシングの速さとCB吉田麻也の準備不足によって、ロングボールの精度が落とされてしまい、相手にボールを届けてしまう形となりました。

「集中してプレーしていない」ということの定義を、「普段は当たり前にできることができない」状態だとすると、吉田の準備不足は、日本の立ち上がりの不安感を象徴する、まさに集中していないがゆえのプレーでした。また、すぐにロングボールを蹴ったこともあって、どうしても繋いでいきます！　という姿勢では、日本はこの試合に臨まないことがよくわかったシーンでした。

序盤戦：ビルドアップを狙う両チーム

序盤戦は安全にプレーするチームが多い中、カタールは自分たちのプランを最初から遂行する気が満々でした。安全なロングボールでなく、準備してきたプランであるショートパスによるボールの前進を、開始直後から行ってきます。序盤戦の無秩序な時間帯を嫌がったのは、日本をリスペクトしているからなのかもしれません。カオスな状態の時は、個々の能力がバラバラで発揮される可能性が高く、それでは日本が優位になってしまうと踏んだ可能性があります。もしくは、自分たちの準備で日本を圧倒できると最初から計算していたのかどうか。監督に聞いてみたいところです。

カタールのプランは、ショートパスによるビルドアップです。ボール保持の配置は3－1－4－1－1。ボール非保持の配置は5－3－2。1列目のプレッシング開始ラインはハーフウェーライン付近でしたが、ボール奪取のチャンスとあれば、GKの権田修一までプレッシングに行くこともありました。【図6－2】

一方、日本のボール保持の配置は4－2－3－1。ボール非保持の配置は4－4－2。両チームの配置の噛み合わせが、なかなか興味深いことになっています。【図6－3】

日本がボールを保持した時、日本のSBが空く形となっているのがわかりますでしょうか。

実際の試合でも、左SBの長友佑都がフリーでボールを持ち、左SHの原口元気の裏を

図6－2

カタールのボール保持【3-1-4-1-1対4-4-2】

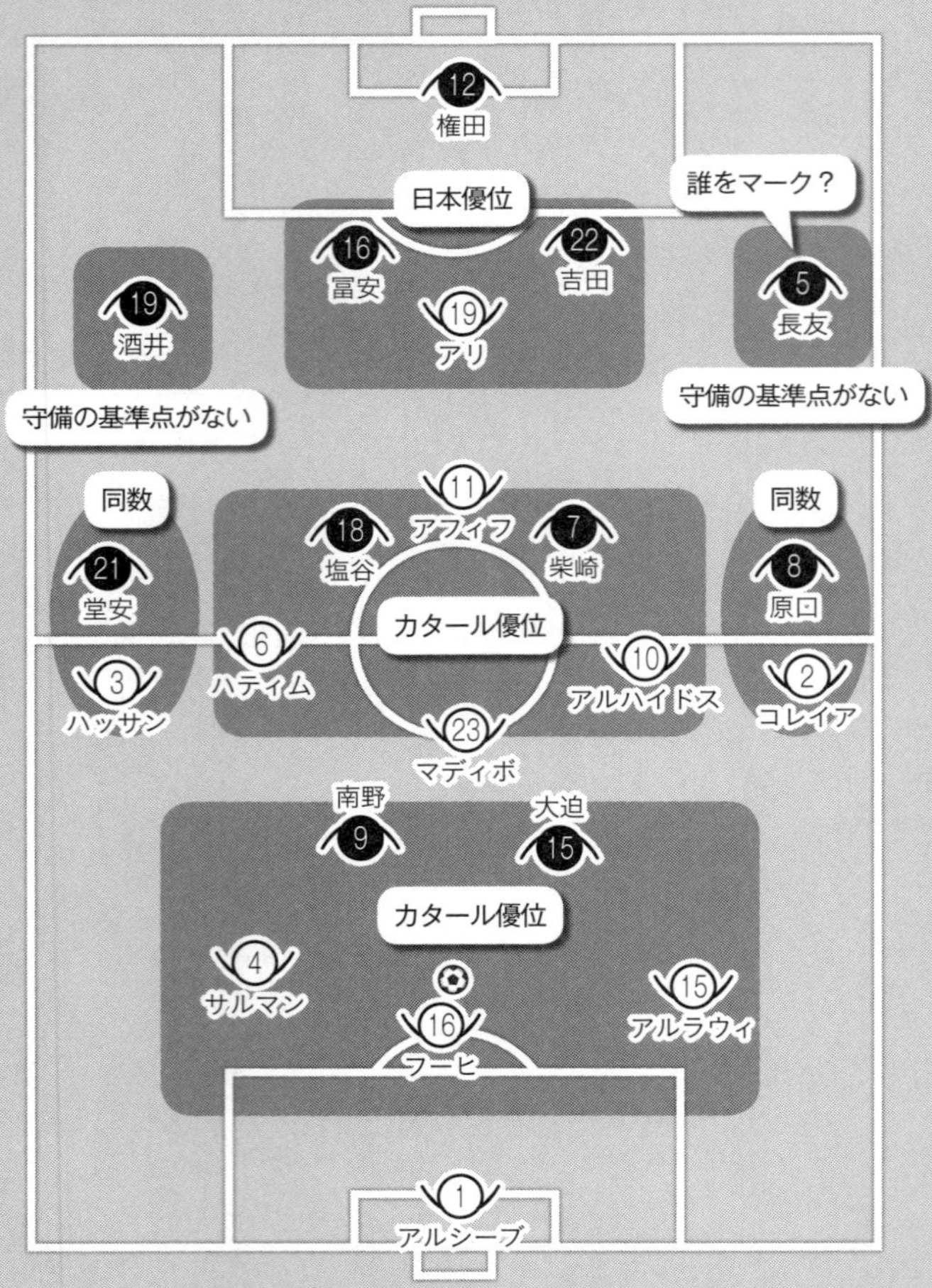

・カタールは優位なエリアで得た時間とスペースを前線に繋げていくスタイル。

図6－3

日本のボール保持【5-3-2対4-2-3-1】

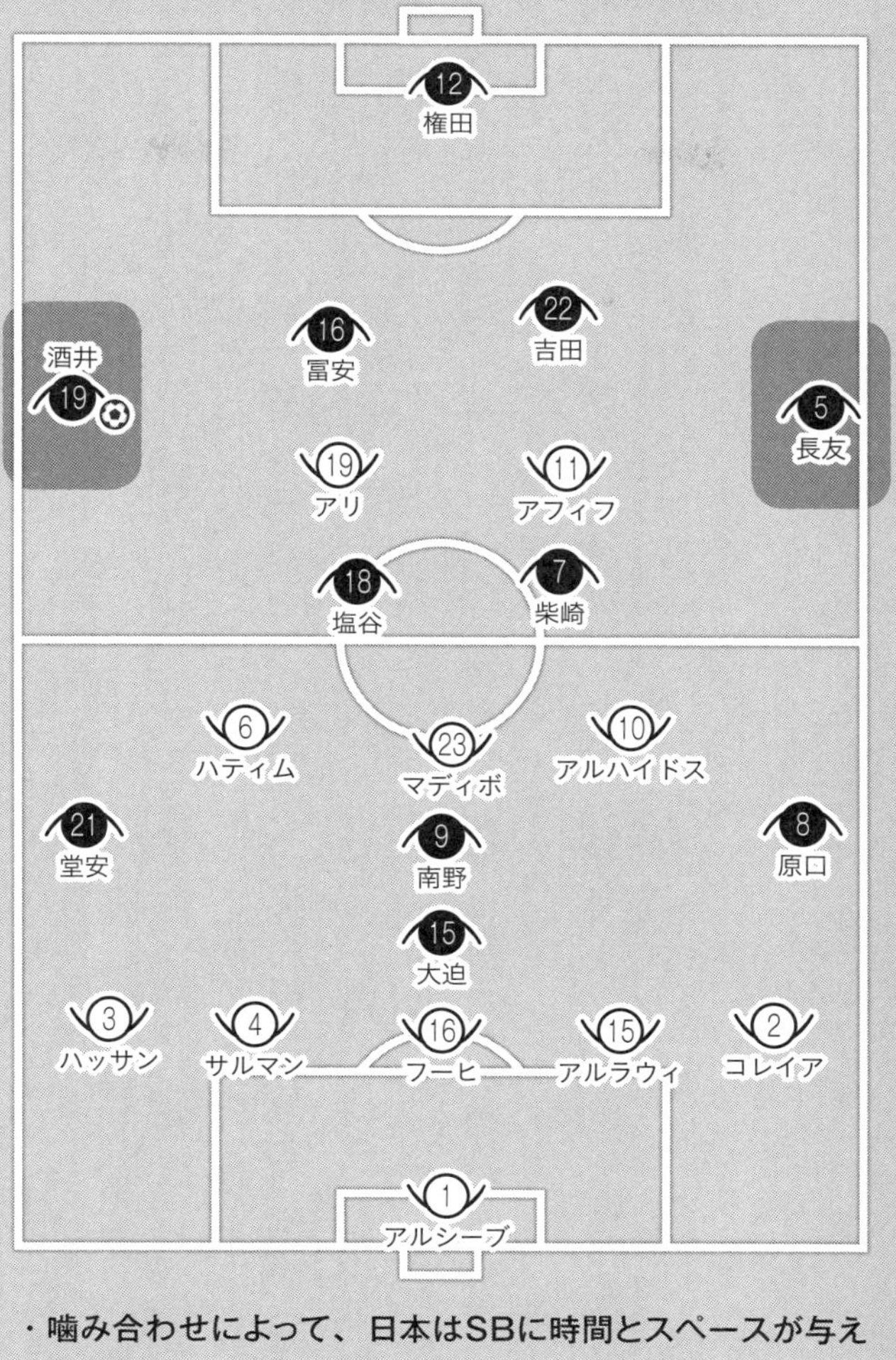

・噛み合わせによって、日本はSBに時間とスペースが与えられた。

狙う形が多くありました。相手の配置によって与えられた時間とスペースを、日本のSBがどのような形で活かしていくかが、試合の鍵を握ることになりそうな展開でした。

日本のSBに対するカタールの対応の特徴は、フリーのSBに対して、すぐにプレッシングに行かないことでした。チーム全体のボールサイドへの移動が完了した後に、プレッシングに行く形となっていたのです。なので、日本はボールを保持することはできましたが、相手の配置の準備が完了すると手詰まりになりがちでした。カタールのWBが日本のSBに寄せる時は、カタールのIHがカバーリングをする仕組みになっていました。3バックの選手にサイドのカバーリングをさせなかった理由は、真ん中の3バックを意地でも動かしたくなかったからでしょう。【図6－4】

一方で、カタールがボールを持っている時、日本の選手たちがカタールのどの選手を守備の基準点とすべきか、非常に悩ましい配置になっていました。

守備の基準点が定まりにくい、カタールのボール保持への日本の対応は、ボール保持者への果敢なプレッシングによって、相手の時間を奪う作戦でした。カタールのゴールキックに対しても、簡単に繋がせないように配置を整える日本。繋げない時はロングボールを

図6－4

カタールの守備ルール（WBのカバーリング）

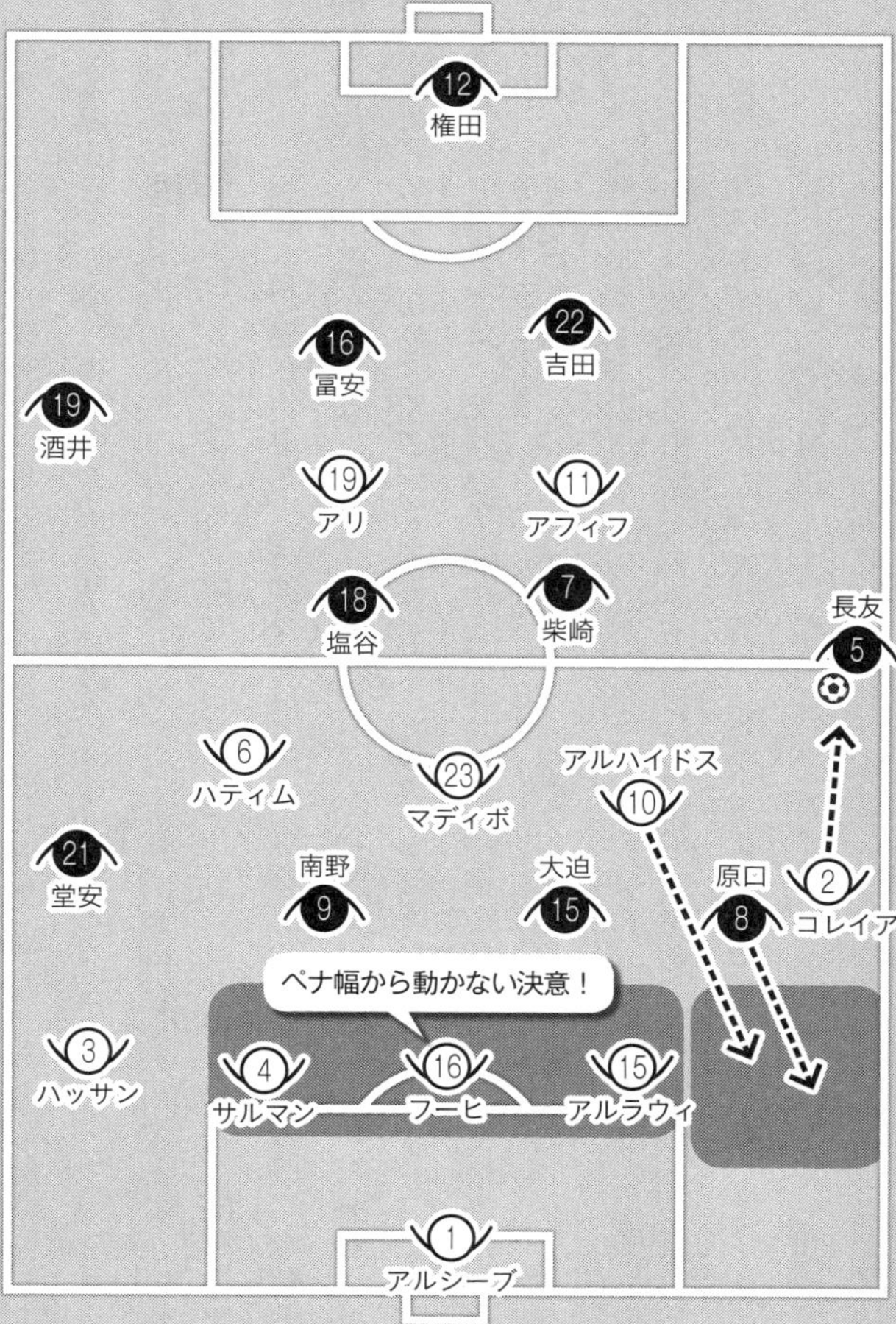

・WBの背後はIHがカバーするカタール。

・どうしても間に合わない場合はCBが出る。

蹴るカタールですが、様々なエリアに蹴ることで、どのエリアの空中戦で優位に立てるかを探している、もしくは実際の状況を観察しているようでした。

両チームで最も差異が出た部分は、相手のボール保持者への振る舞いでした。日本は、基本的にボール保持者へプレッシングをかけます。カタールは、配置の準備ができたらプレッシングをかけます。ボール保持者へのプレッシングは、相手の攻撃のスイッチを入れることにも繋がる、という点は重要です。相手がボールを奪いに来れば、ボール保持者は必ずなんらかのアクションをしなければならないからです。

日本のプレッシングは、配置の準備が完了済みで、相手を捕まえられていれば、カタールからボールを奪い、カウンターをすることができていました。しかし日本の1列目の選手は、後ろの選手たちの準備が完了するのを待たずにプレッシングをかけてしまう場面が目立っていました。配置の準備が完了していない状況でのプレッシングは、相手の前進を加速させるだけです。さらに、カタールはショートパスによる前進を志向していたことも相まって、配置の噛み合わせでフリーになっている選手を容易に見つけながら試合を展開していきました。そして12分、日本から先制点を決めることに成功します。【図6－5】

図6－5
カタールの先制点のきっかけ

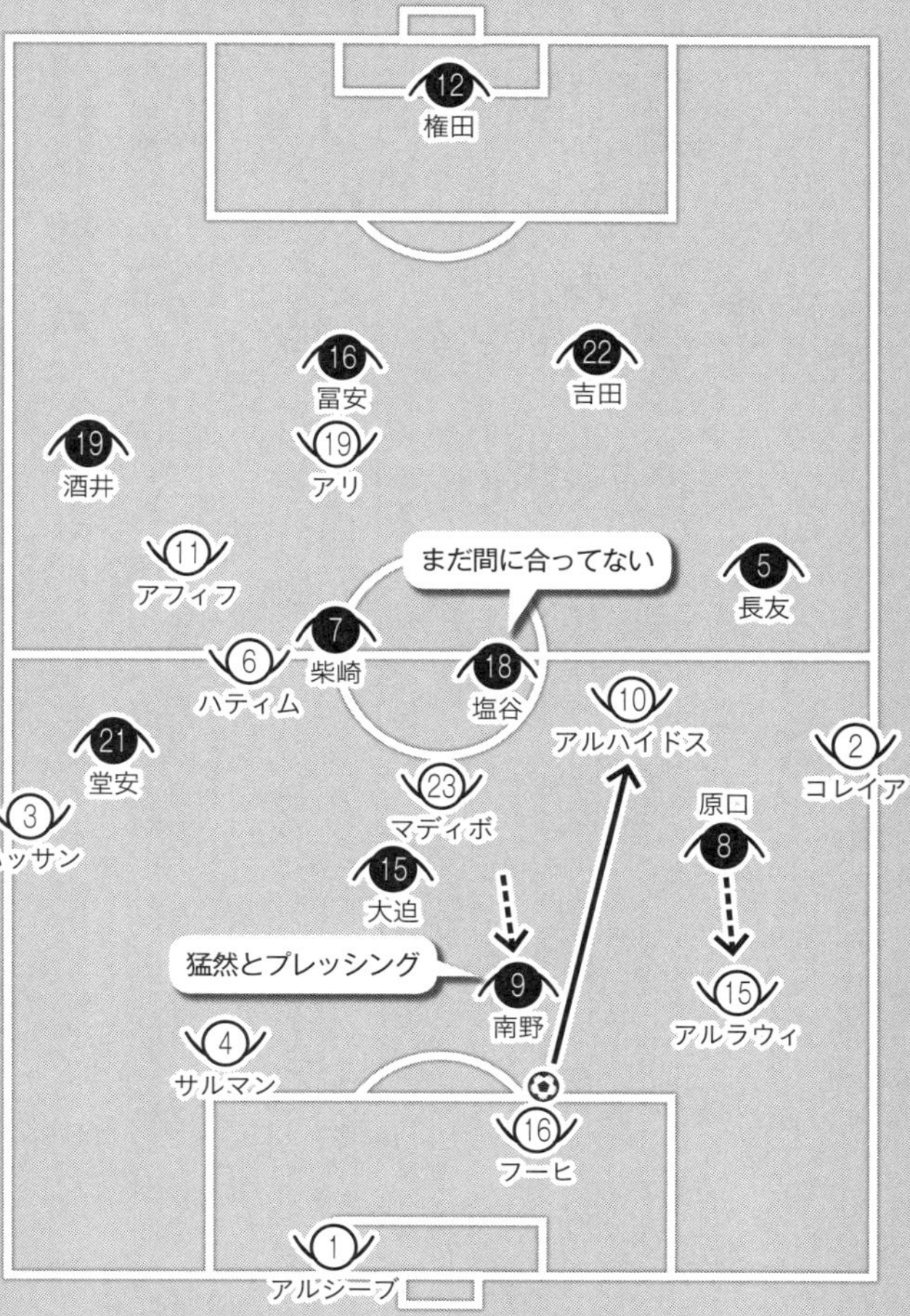

・南野のプレッシングでカタールの攻撃がスタート。
・隣の原口はアルラウィへのパスを警戒。
・しかし、塩谷はまだ準備できていないため、アルハイドスにボールが入る。

12分〜：息ができない日本

スコアの変化は試合に大きな影響を及ぼす、といいたいところですが、12分の先制点はカタールにとってもさすがに何かを変更するには早すぎる時間帯でした。よって、カタールはそれまでと変わらずプレーをします。強いていうならば、GKまでボールを下げて、負けている状態の日本のプレッシングがどこまで深追いしてくるかを見極めようとしていたくらいでしょうか。憎いことにカタールはGKがパスコースを失っても、日本の右SH堂安律と左WBハッサンの空中戦で優位に進められるという計算があるようでした。

日本の変化を見ていると、CHの2人が列を下りる、もしくはCBの近くでプレーする場面が見られました。相手の2トップに対して、2CBが同数であることを嫌がったのでしょう。実際、日本のCBから効果的にボールを前進させている場面はほとんどありませんでした。しかし、CHの移動が日本に優位性をもたらしたか？　というと、良い影響はほとんどありませんでした。なぜなら、CHの移動がチームとして計算されたものだったように見えなかったからです。CHの重心を下げる移動で、前線との距離がより離れてい

図6−6

機能しない日本のCH

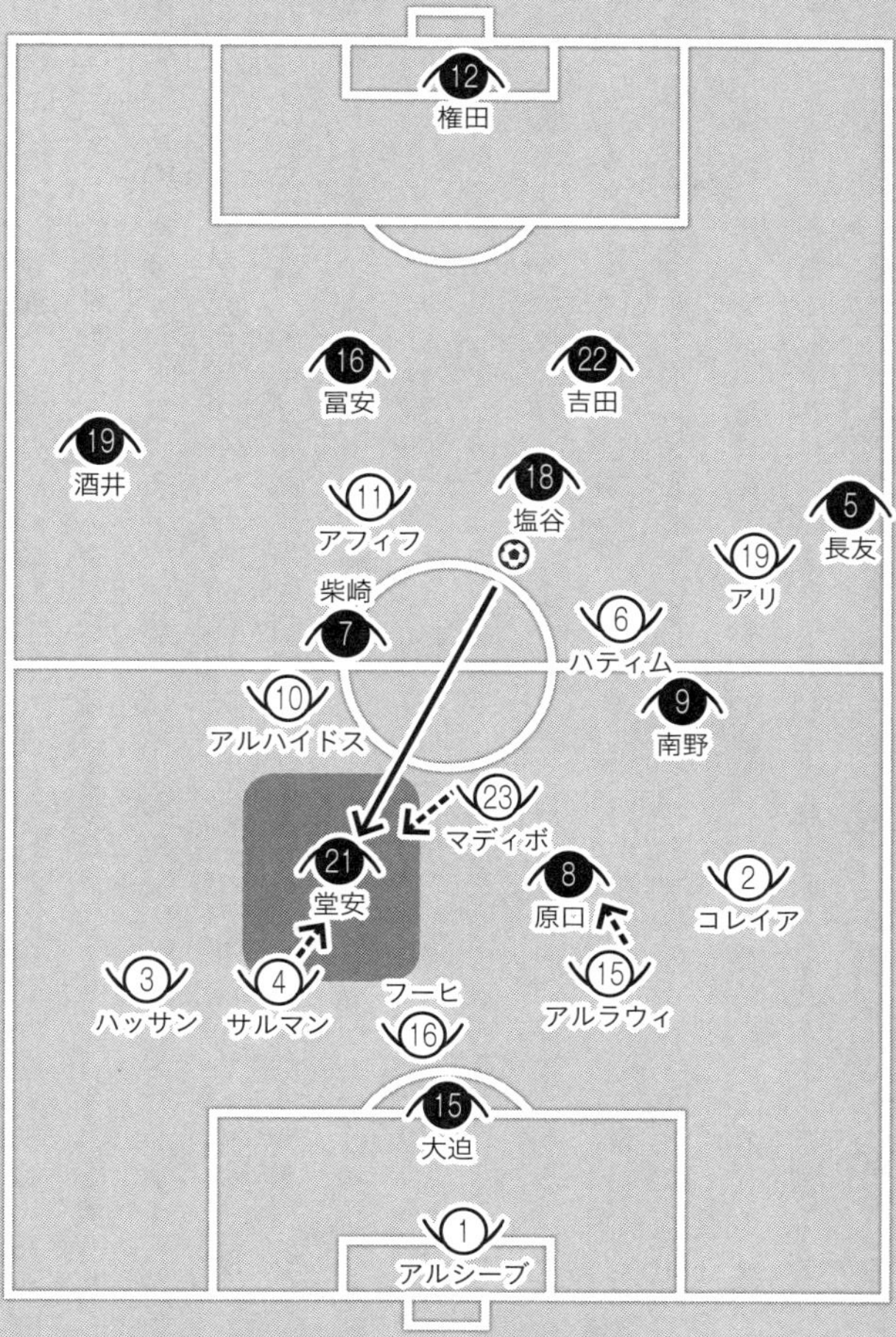

・本来はCBが行う仕事を塩谷が行っている。
・よって、前線の枚数が減り、堂安周りは相手のほうが多い。
・それでもプレーできればOKだが、ボールをキープできない場面が目立った。

きます。しかし、前線の選手たちは森保監督が率いる代表の代名詞でもある「積極的」なドリブルによる仕掛けやプレッシングを行い続けました。つまり、日本の配置はだんだんと間延びしていきました。よって、カタールはボール保持の攻撃、カウンター、ロングボールと多くの手札を見せながら、日本の陣地に攻め込んでいきました。【図6-6】

負けている日本は、ボール非保持の局面で1列目がさらにボール保持者を追いかけ回すようになります。つまり、後方の配置の準備よりも、ボールを奪うという積極性が勝ってしまった形です。なお、日本の2失点目もこの形から始まっています。相手の配置に対して、どのように自分たちを配置するかを定めて守備の基準点をはっきりさせることなく、相手に攻撃のスイッチを入れさせてしまうことは、悪手としかいいようがありません。

さらに、カタールはIHで日本のCHを動かし、トップ下アフィフの列を下りる移動で、さらにボールを受けるポイントを増やしていました。序盤から、アフィフはフリーマンとして神出鬼没なポジショニングでプレーしていました。日本は、CHが相手のIHをマンマークのように見るというルールをまんまと利用された形となります。【図6-7】

そうこうしているうちに、27分に日本は早くも2失点目を喫します。【図6-8】

図6－7

あいまいな日本の配置

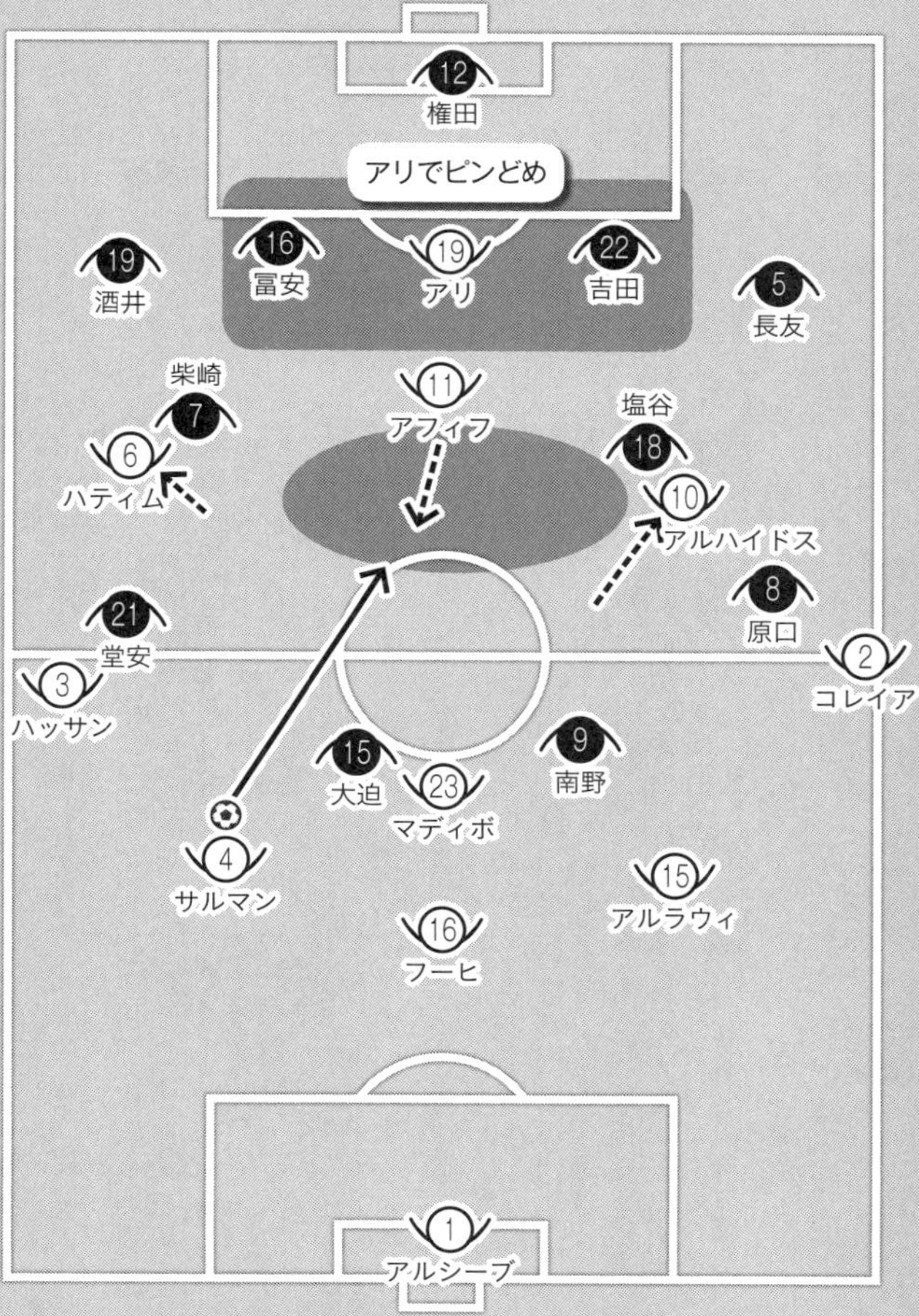

・守備の基準点がはっきりしない日本は、相手のポジションをつかみきれない時はマンマークになりがち。
・2失点目も、その習慣を利用された形となった。

図6−8

2失点目のきっかけ（27分）

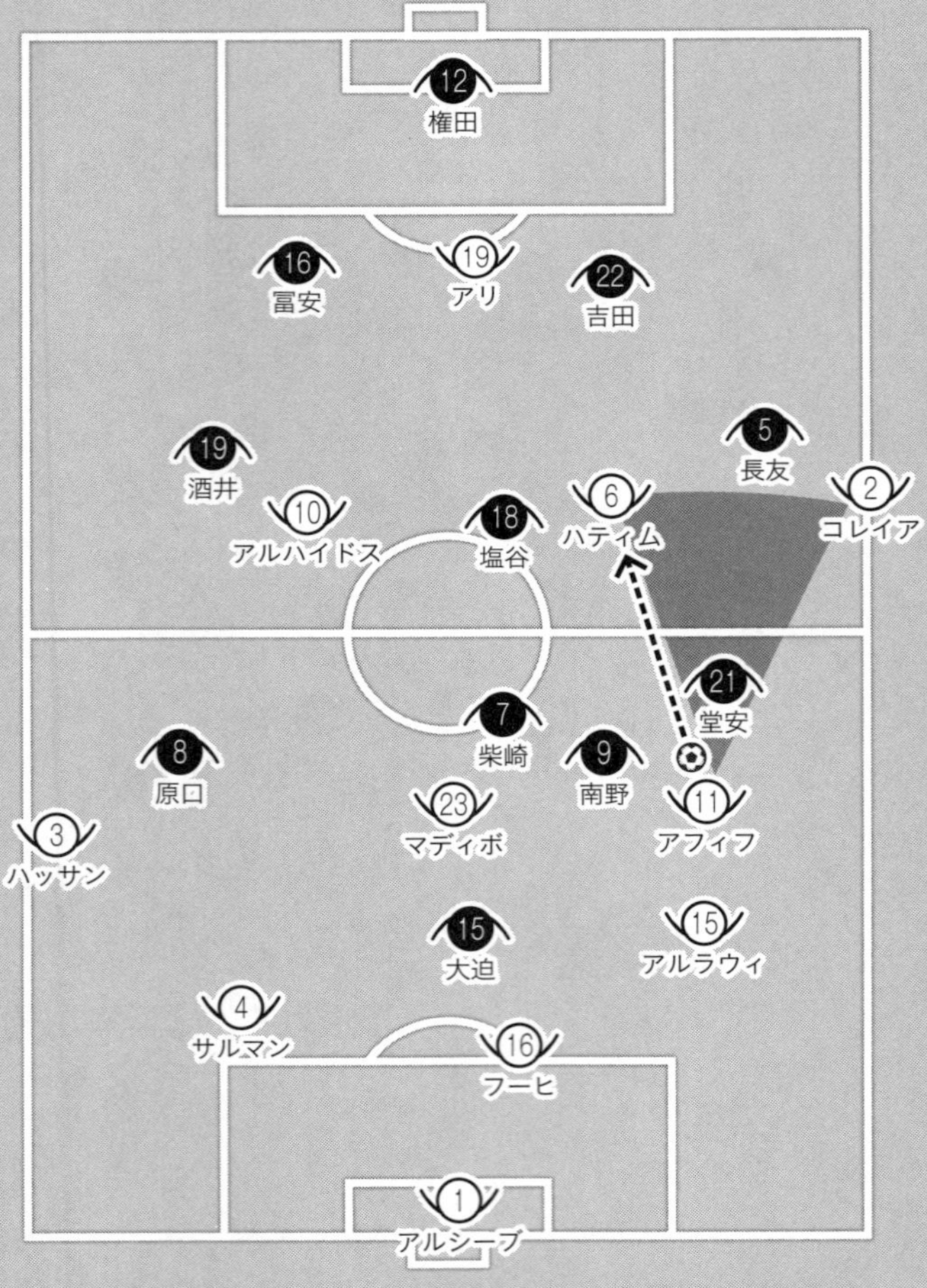

・柴崎の深追いによって守備の基準点がぼやけた直後、ボール保持者の周りに南野、柴崎、堂安と集合するが、プレッシングはかかっていない。
・ボール保持者に対して、三角形を作る定跡の形で一気にボールを運ばれる。

27分～：やっとできた日本の修正

時間の経過とともに、過負荷になっていたカタールのＩＨが疲れてきます。結果、さらに時間とスペースを与えられた日本のＳＢが、高い位置でボールを受けられるようになっていきます。また、堂安にハッサンが競り勝っていた空中戦エリアに、空中戦に強い右ＳＢ酒井が登場します。つまり、日本はボール保持で優勢となり、カタールの困った時のロングボールにも対応できるようになっていきました。

36分に、森保監督とＣＦ大迫勇也が会話をしています。その後、日本はプレッシングの配置を４－２－１－３に変更しました。相手の３バックに対して、大迫、堂安、原口をあてる形です。負けていることもあって、リスクをかける変更にトライしたわけです。カタールの１トップ＋トップ下に対して日本は２バックでの対応になりますが、致し方ないと。配置の変更により、日本は守備の基準点がはっきりしました。迷いのないプレッシングが可能になったことで、カタールは配置によって得ていた優位性を消されることになります。カタールは空中戦でも地上戦でも日本の変更に苦労するようになり、守備でも左右の移動

図6－9

日本のボール非保持の形（36分～）

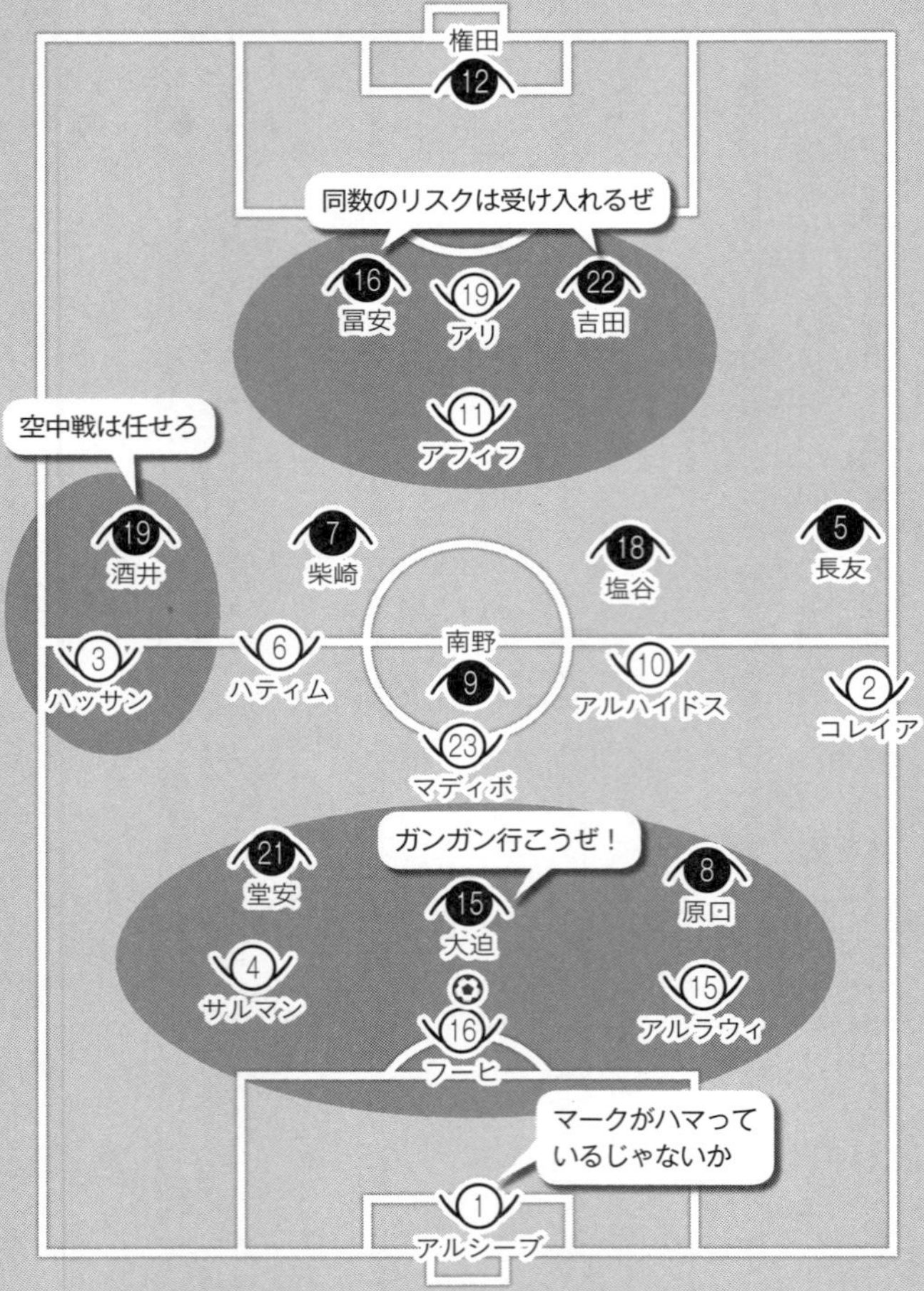

・この変更でカタールの優位性は消える。

が間に合わない状態で、前半を終えることとなりました。【図6－9】

後半開始：カタールの修正、さらに息を吹き返す日本

後半開始早々、カタールは5－4－1（19番アリが左SH）に配置を変更します。日本のサイド攻撃への対策を早めに打ってきた格好です。サイドへのスライドが間に合わないので、サイドに人を配置する策で対抗してきました。【図6－10】

サイドへの人の配置の代わりとして、カタールは2トップで封鎖していた中央のエリアが手薄になりました。よって、日本のCBやCHに時間とスペースが与えられるようになります。日本代表あるあるですが、中央の選手たちがフリーな状態だと、一気に試合に影響を及ぼすようになります。

その結果、日本のボール保持の精度が上がり、カタールの陣地深くに侵入できるようになっていきます。その結果が、コーナーキックの連打でした。ボール保持と困った時のセットプレーが続き、日本が試合の主導権を握り返した後半戦の立ち上がりとなりました。

図6−10

後半開始、カタールは5-4-1に変更

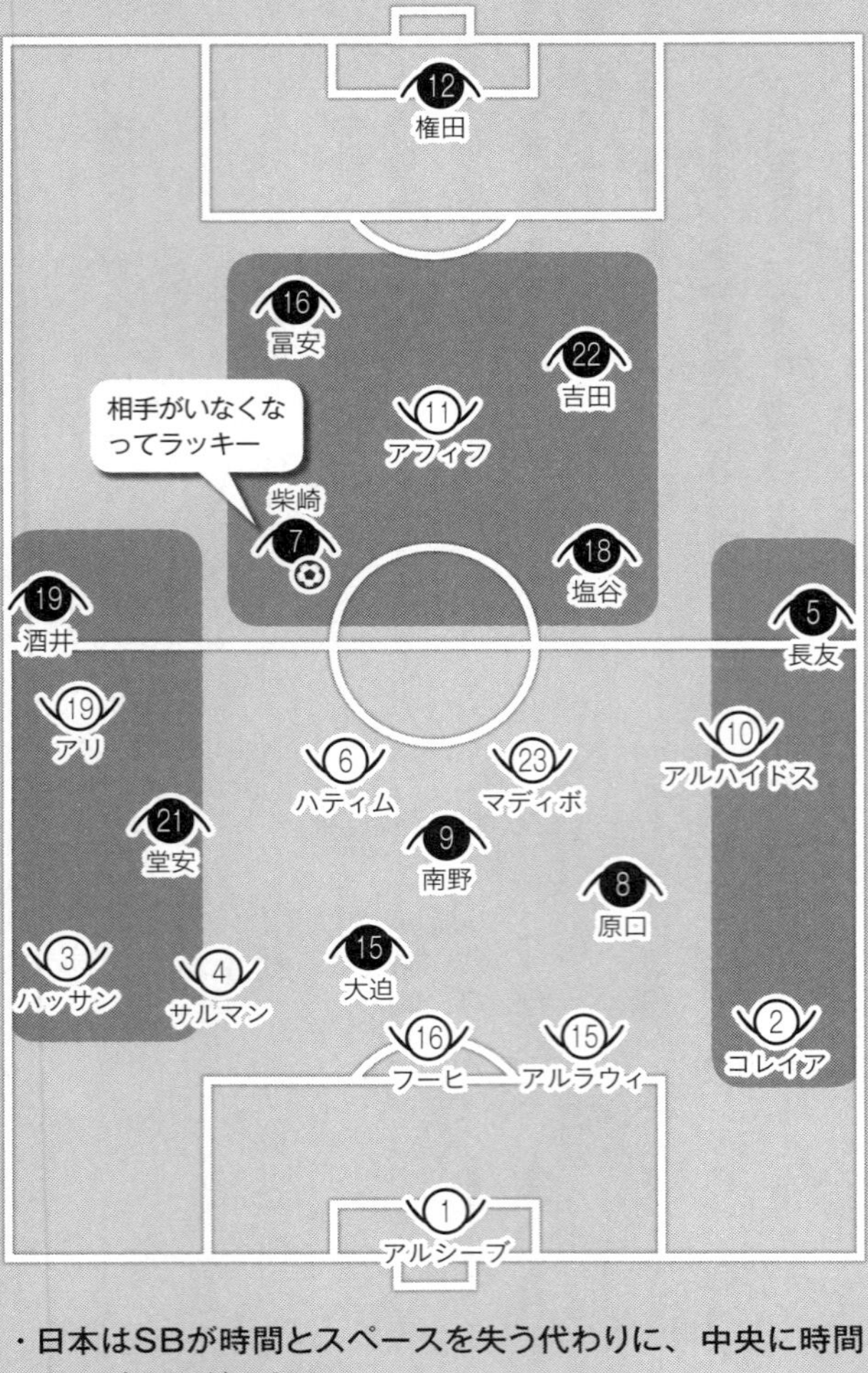

・日本はSBが時間とスペースを失う代わりに、中央に時間とスペースができる。

60分〜：押せ押せニッポン、待望の得点

60分が過ぎ、カタールは負傷した16番フーヒに替えて14番アルハジリ、日本は原口から武藤嘉紀に選手交代をします。武藤がトップ下へ、南野拓実が左サイドに移動しました。相変わらずコーナーキックが繰り返される状況なので、サイドからのクロスの多さを考慮して、南野よりもCF寄りの武藤を中央に配置したのでしょう。大迫の下りる動きと、武藤の追い越す動きの反作用を利用する狙いもあったに違いありません。【図6－11】

この間、カタールは5－3－2に配置を戻します。ボールを繋げない、カウンターもほぼできないという状態だったこともあって、せめてカウンターの可能性を残す狙いを持って、2トップへと戻します。日本の中央の選手たちをオープンにする形は良くないという思惑もあったのでしょう。

しかし、この配置への修正は終えている日本。よって、日本の攻撃が中央からサイドに変更になるくらいしか影響はありませんでした。つまり、36分からのリピートです。流れが大きく変わる修正にはならず、結果69分、武藤の裏抜けをきっかけとした流れから、南

図6－11

サイドからチャンスを作る日本

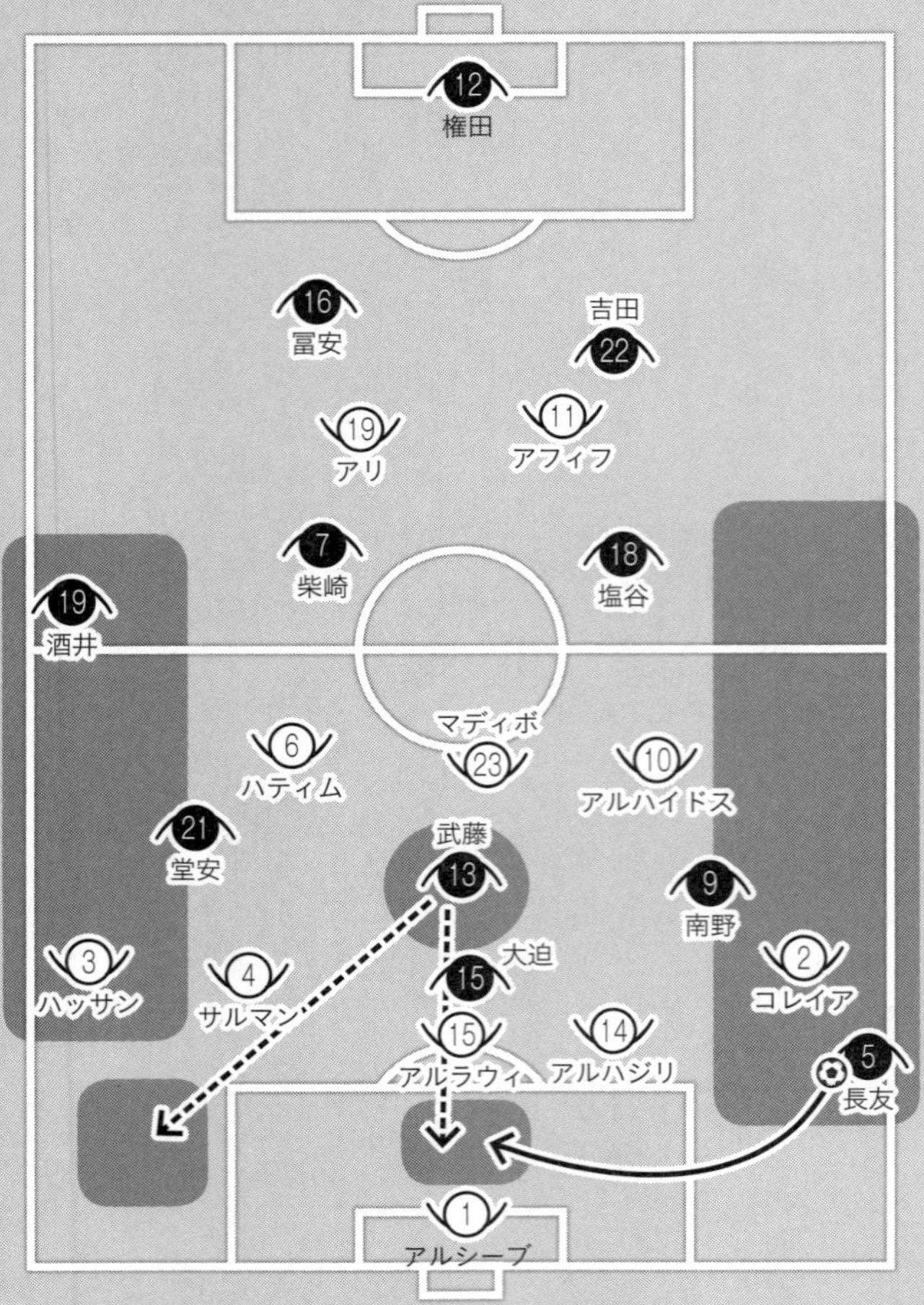

・これはいけないとカタールが5-3-2に戻すと、日本のサイドが蘇る。

・武藤の裏へのスプリントとフィジカルを活かしたゴール前への飛び出しで勝負に出る日本。

野が中央密集地帯を抜け出してゴールを決めます。良くも悪くも日本らしい、中央に選手が集まってきて、素早いコンビネーションで突破する形でした。

69分〜：カタールのカウンター一閃

日本がボールを保持する時間が長くなったこともあって、後半のカタールはボールを保持する時間がほとんどありませんでした。耐えてからのカウンター、一本やりです。73分には、長友のクロスから武藤がヘディングを放ちます。武藤が登場した意味が出た瞬間でした。

しかし、79分にカタールのロングカウンターが炸裂。その流れからのコーナーキックで、まさかのＶＡＲ（ビデオ・アシスタント・レフェリー）が発動してＰＫ。これを決められ83分に１－３となります。カタールのクリアーがパスだったかは定かではありません。カタールの前線の選手にボールが入った時は数的優位の日本でしたが、それぞれがどのような役割でカウンターを抑えるかが曖昧な形になってしまったこともあって、フィニッシュまで持っていかれてしまいました。ただ、後半のカタールはカウンターのチャンスもほとんどなかったので、カタールからすればちょっとラッキーなゴールだったともいえます。

日本からすれば、ボールを奪われた時の設計というよりは、カウンターを受けた時に誰がどのように振る舞うか！　ということを事前に設定できていなかったこと、もしくは、アドリブで対応できなかったことが問題となる場面でしょう。

83分～：日本、押し込むものの…

1－3になってからの日本は、塩谷司↓伊東純也の交代でスクランブルアタックの様相を呈してきます。カタールは5－4－1にまたも変更します。CFアリがCHの位置に移動したのは、本人の判断かチームの判断かはわかりません。CFの選手がCHの位置でプレーすることはあまり見たことがありません。元マンチェスター・ユナイテッドのドワイト・ヨークの再来でしょうか。

日本はカタールのゴールに迫りに迫りますが、ゴール前を固めるカタールの前に、いい位置でシュートを打つことができないまま、時間が過ぎていきました。困った時のセットプレーからの、吉田のヘディングもゴールの枠に飛びませんでした。そして、試合は終了。

カタールがアジアカップ初優勝を飾りました。

雑感：ボール非保持の際の振る舞い

修正が遅かったといえばそれまでですが、36分からは、日本のボール非保持の配置の修正と、酒井とハッサンの空中戦への変更がハマり、日本は試合の主導権を取り返すことに成功しました。もちろん、ボールを保持した時の形や、決められた定位置攻撃、それぞれの選手のポジショニングバランスなど改善点はありますが、同点に追いついてもおかしくない試合を後半もしていたと思います。しかし、最後にＶＡＲでトドメをさされた格好となりました。

改善点は山ほどありますが、カタールの配置によるボール保持に対して、どのように対応したらいいか考えるきっかけとなったことは、良い教訓になったことは間違いありません。次にリベンジできるかどうかは、相手の配置に対して、どのようなルールによってゴールに迫っていくかという部分を整理できるかどうかにかかっているでしょう。

分析：2019／3／22　国際親善試合　日本対コロンビア

次に見ていく試合は、2019年3月22日に行われた、日本対コロンビアです。カタール戦から時間が空き、アジアカップのような公式戦の雰囲気はない試合ですが、親善試合には親善試合の見どころがあります。この試合では、カタール戦で失敗したプレッシングのバランスを日本がどのように改善しているかがポイントでしょう。親善試合だろうが公式戦だろうが、過ちから学んだことを示す必要があります。

一方、コロンビアからすれば、2018ワールドカップロシア大会のリベンジマッチとなります。ワールドカップの初戦でつまずいた痛い思い出を払拭するには、日本を相手に結果が欲しいところ。さらに、コパ・アメリカに向けて自分たちのできることを増やしていく、という意味では、非常に良い機会といえるでしょう。【図6－12】

キックオフ：意地でも繋ぐコロンビア

キックオフからボールを繋ごうとするコロンビアに対して、日本はどこまでもボールを

図6－12

コロンビア戦　スターティングメンバー

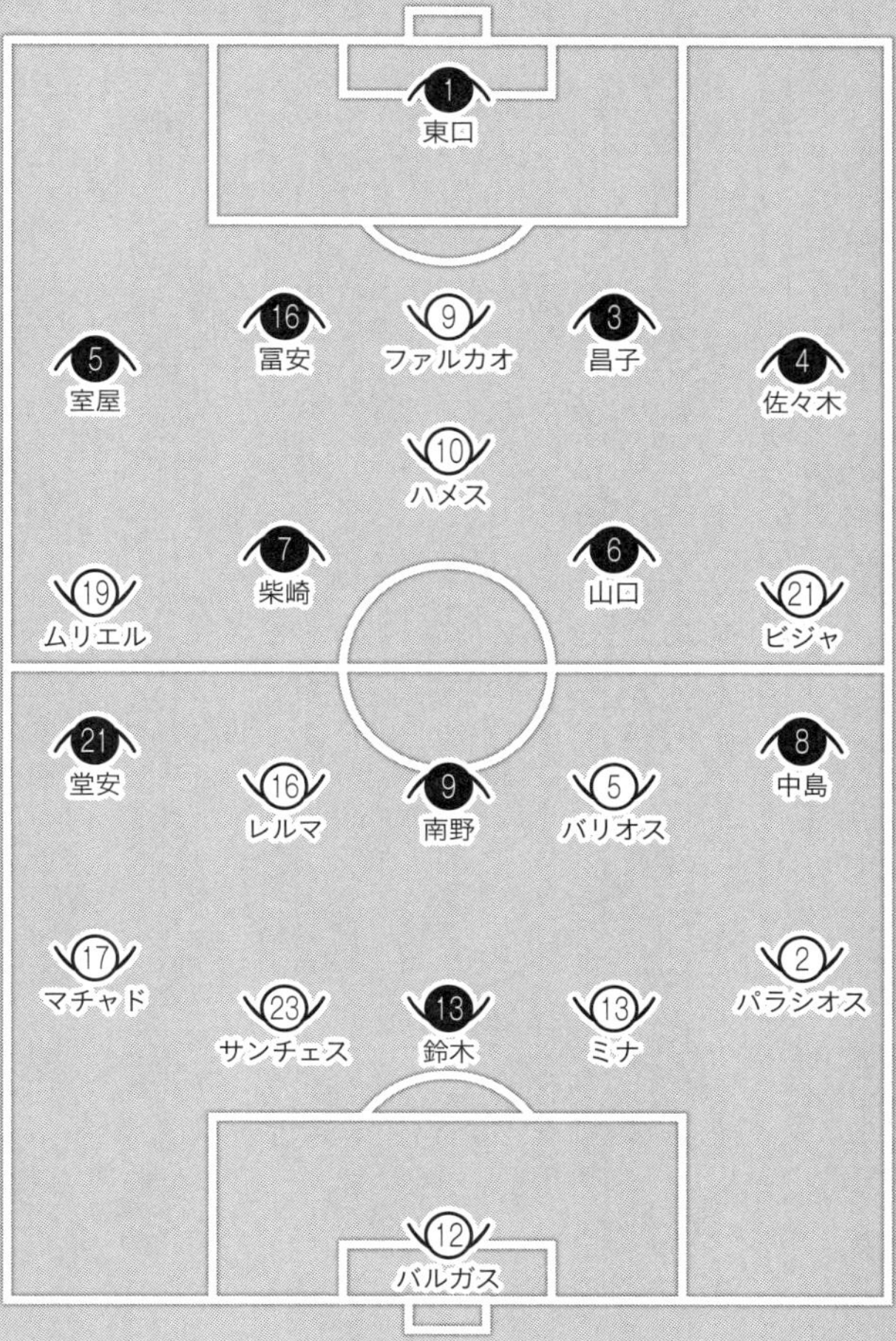

追いかけていく積極的なプレッシングで対抗しました。また、ボールを保持したいコロンビアも、日本のボール保持を許さない姿勢を見せます。親善試合ということも相まって、両チームともに慎重な姿勢ではなく、相手のボール保持に対して果敢にアタックする序盤戦となりました。

キックオフでボールを繋ごうとしたコロンビアの姿勢はブラフではなく、その後もGKにボールを下げて、日本のプレッシングのルールを探っているようでした。この試合のコロンビアは、できる限りロングボールを封印し、ショートパスだけで試合を組み立てたいように見えました。親善試合ならではの試験的試みといえるでしょう。

何度も繰り返されるGKへのバックパスから感じられる、この試合ではボールを繋ぐんだという意志の前に、日本はあらかじめ準備されたであろうプレッシングに移行します。つまり、この試合で何度も繰り返される局面、本来の姿に試合は移ろっていきました。

序盤戦：ハメスとバリオスの列下り

この試合で何度も繰り返された局面が、コロンビアのビルドアップ対日本のプレッシン

図6−13

日本のプレッシング

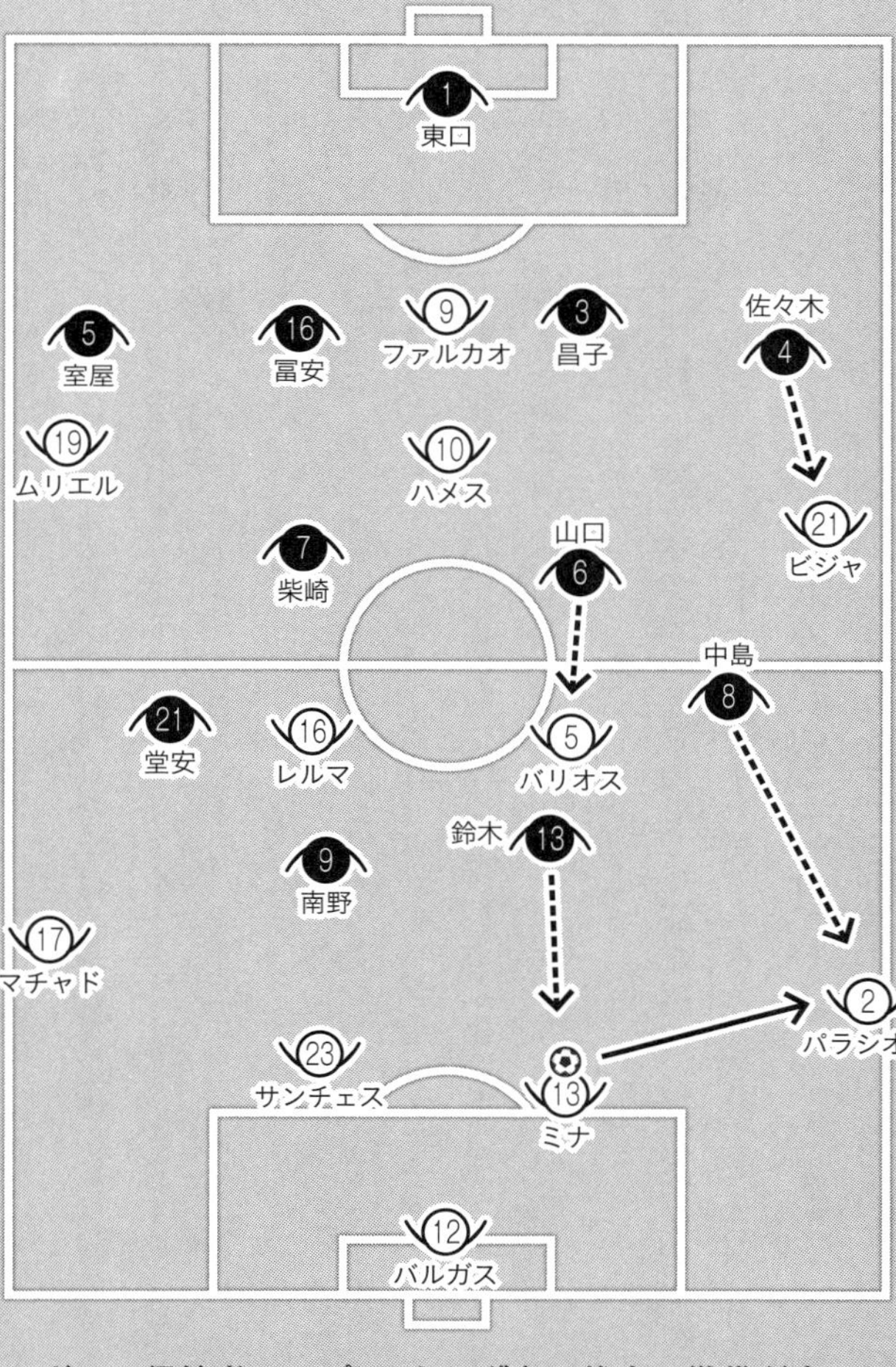

・ボール保持者へのプレッシングを、後方の準備が完了してから行う形に修正。

グという構図です。最初に日本のプレッシングルールから見ていきましょう。

日本の非保持のシステムは4－4－2。南野が列を上げる移動で、ボール保持の4－2－3－1から4－4－2に変化していました。プレッシングのルールは、日本の1列目がコロンビアのCHを抑えながら、ボール保持者（相手のCB）にプレッシングをかけるスタイルです。【図6－13】

日本としては、コロンビアのCBのパスの選択肢から中央のCHを消し、SBにボールを出させる意図があるようでした。チャンスがあれば、ボールを追いかけてどこまでも！なスタイルになることもありましたが、基本的には深追いしすぎないように、1、2列目の距離が空きすぎないよう調整していたのだと思います。カタール戦での反省が活きている光景でもありました。

日本のプレッシングに対して、コロンビアはどのように振る舞ったでしょうか。

まずはハメス・ロドリゲスが登場します。【図6－14】本来は日本の2、3列目の間に配置されたハメスですが、日本の1列目の脇に何度も現れていました。日本の左SH中島翔哉はコロンビアの右SBエリベルトン・パラシオスを守備の基準点としていたのですが、

図6－14

コロンビアの作戦A：ハメスの列下り

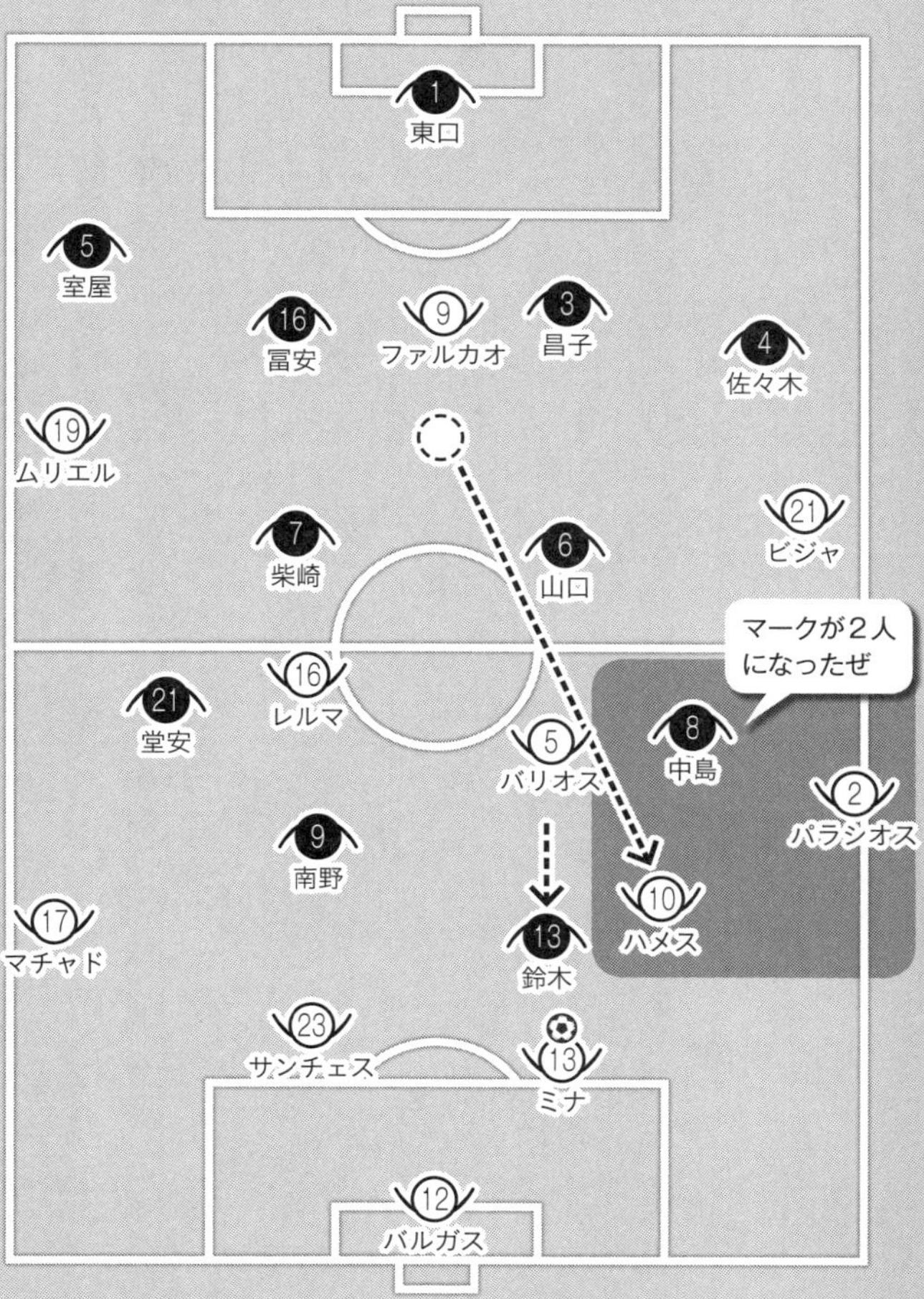

・日本のプレッシングがハマりそうなコロンビアは、ハメスの列を下りる動きで試合を動かす。

ハメスの登場で複数の守備の基準点を抱えることになりました。

いわゆる、シンプルな列を下りる移動です。複数の守備の基準点を担当することになった選手は、両方の選手への対応が中途半端になり、どちらの選手にも時間とスペースを与えてしまうことになりがちです。この試合でも、まさにそんな状況となりました。よって、列を移動したハメスは攻撃の起点となり、中島から逃れられたSBパラシオスもボールに触る機会が増えていきます。

ハメスの列を下りる動きが作戦Aだとすれば、作戦Bはウィルマル・バリオスの列を下りる動きでした。【図6-15】コロンビアのCBはダビンソン・サンチェスとジェリー・ミナのコンビです。トッテナム・ホットスパーで活躍するサンチェスですが、味方に時間とスペースを与えるプレーを苦手としています。それを補うボールを奪う能力を持っているのでチャンピオンズリーグでもプレーできていますが、ボールを持っても横パスすることが多いです。よって、コロンビアの攻撃の出発点はミナに偏ることとなりました。

しかし、ミナがボールを持ったら、日本のCF鈴木武蔵がボールを奪いに来ます。ミナをフリーな状態にしたいコロンビア。ここで打たれたコロンビアの手が、バリオスによる

図6－15

コロンビアの作戦B：バリオスの列下り

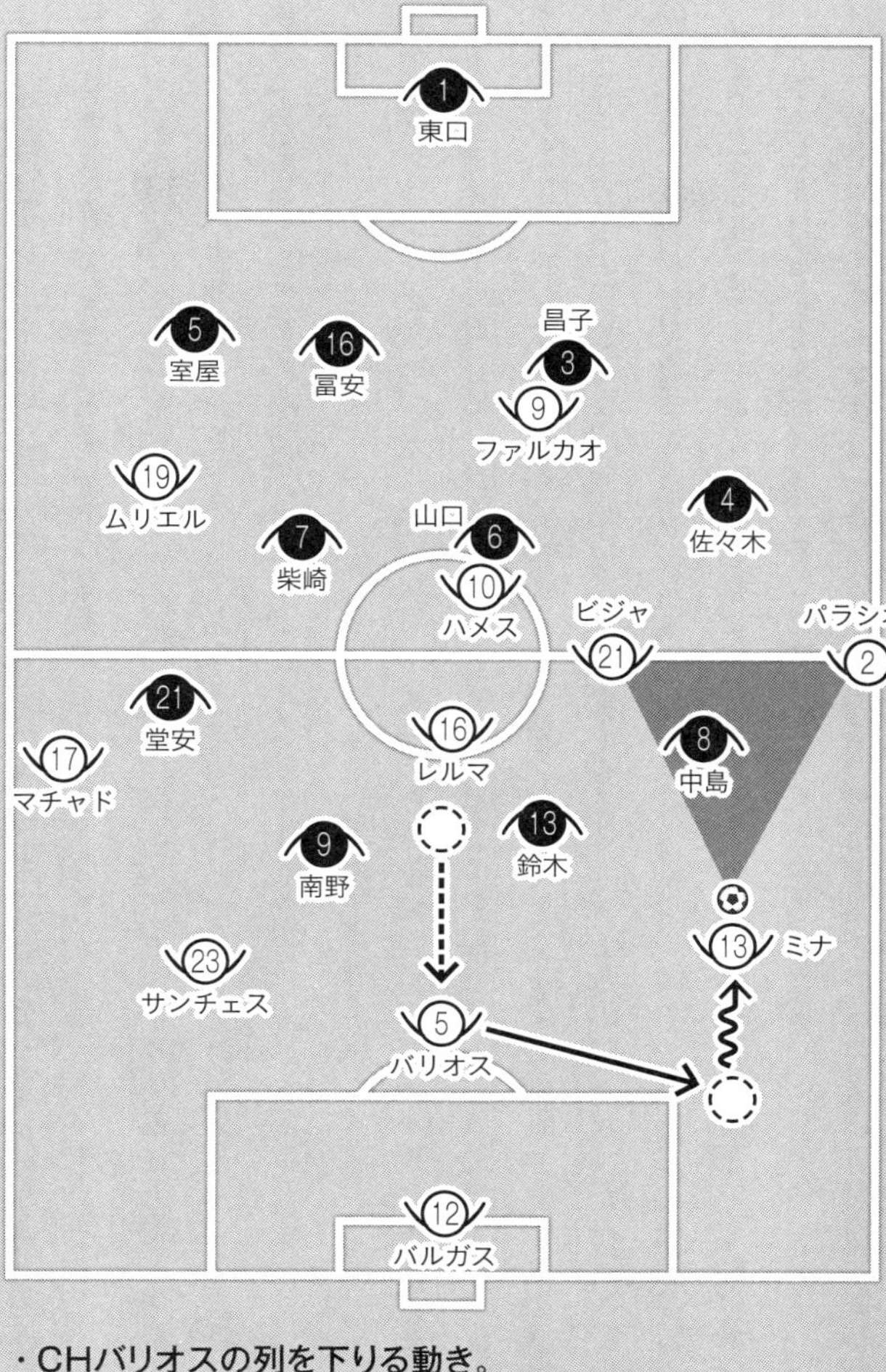

・CHバリオスの列を下りる動き。

・CBミナの運ぶドリブルに三角形を準備する周到さ。

列を下りる移動でした。コロンビアは3バックに変化することによって、日本の1列目の守備の基準点を乱すことに成功したのです。

オープンな状態でボールを持てたミナは、中島に向かってドリブルすることで、中島を引きつけることに成功し、右SBのパラシオスと右SHのセバスティアン・ビジャに時間とスペースを与えることに成功する場面が増えていきました。

日本のプレッシングがハマった状態から、2つの作戦を使い分けてボールを前進させようとするコロンビアに対して、日本側は落ち着いてボールを保持する時間をなかなか作れませんでした。コロンビアが日本のボールを追いかけて、どこまでもプレッシングを継続していたからです。GKの東口順昭にボールを下げることがあるので、日本がボールを保持したくないようには見えませんでしたが、コロンビアのプレッシングと正面衝突するつもりもないようでした。しかし、ロングボールを蹴っても競り勝てる選手がいるわけではないので、日本はなかなかマイボールにできない時間が続きます。

日本がボールを保持するきっかけになったのは、例によってCHの柴崎岳の列を下りる動きでした。バリオスと同じように、柴崎はCBの間に下りることでボールを保持する意思を見せます。GKにボールを下げたり、CB周りの枚数を増やしたりして、相手にプレッシングに行っても無駄だなと思わせることは、ボールを保持する意思を見せるという意味では大事なプレーとなります。

そんな柴崎のプレーがきっかけとなったのか、決められた時間が過ぎたからかは不明ですが、コロンビアのプレッシング開始ラインも徐々に下がり、日本がボールを保持する時間も増えそうな兆しがありました。しかし、日本がボールを保持すると、堂安や中島の仕掛けが増えていって、コロンビアからすれば面倒な状況になるので、コロンビアは日本にボールを持たせないようにすぐにまたプレッシング開始ラインを上げ、ボールを保持する時間が長くなるようにスマートに切り替えてきました。

15分～：コロンビア右サイドの攻撃不全と山口蛍

攻撃の起点となるCBミナをサポートし、コロンビアは三角形を形成します。右SHのビジャが内側、右SBパラシオスが外。その奥にCFラダメル・ファルカオがピンどめと、ひし形に変形しそうでしない形を作り、中島と左SB佐々木翔の守備の基準点を混乱させることに成功していました。コロンビアは右サイドが鍵となるエリアと断定したようで、ハメスも登場するようになります。

前線にハメスがいる時、CH山口蛍はハメスを執拗に見る役割になっていました。よって、中島たちのサポートに行く、というよりはハメスの対応をしていた印象です。

引き続き、コロンビアはハメスが列を下りて攻撃の起点となろうとします。つまり、攻撃の起点となる選手を入れ替えることで、攻撃に変化をつける狙いを見せ始めました。しかし、この場合はハメス番から解放された山口が、中島たちの守備を援護できる姿勢となっていました。【図6−16】

よって、日本の左サイドの守備が固くなり、コロンビアは日本の配置に対して有効な仕掛けができません。さらに、リスキーなプレーをハメスが連発し、ちょっと嫌な雰囲気になっていきます。結果、ハメスは右サイドから姿を消しますが、そうなれば今度は山口がより守備に参加できる状態になります。この駆け引きの結果、ミナを起点とする攻撃を段々と抑えられるようになっていく日本。というわけで、日本のカウンター、ロングボー

図6－16

日本の左サイドの攻防

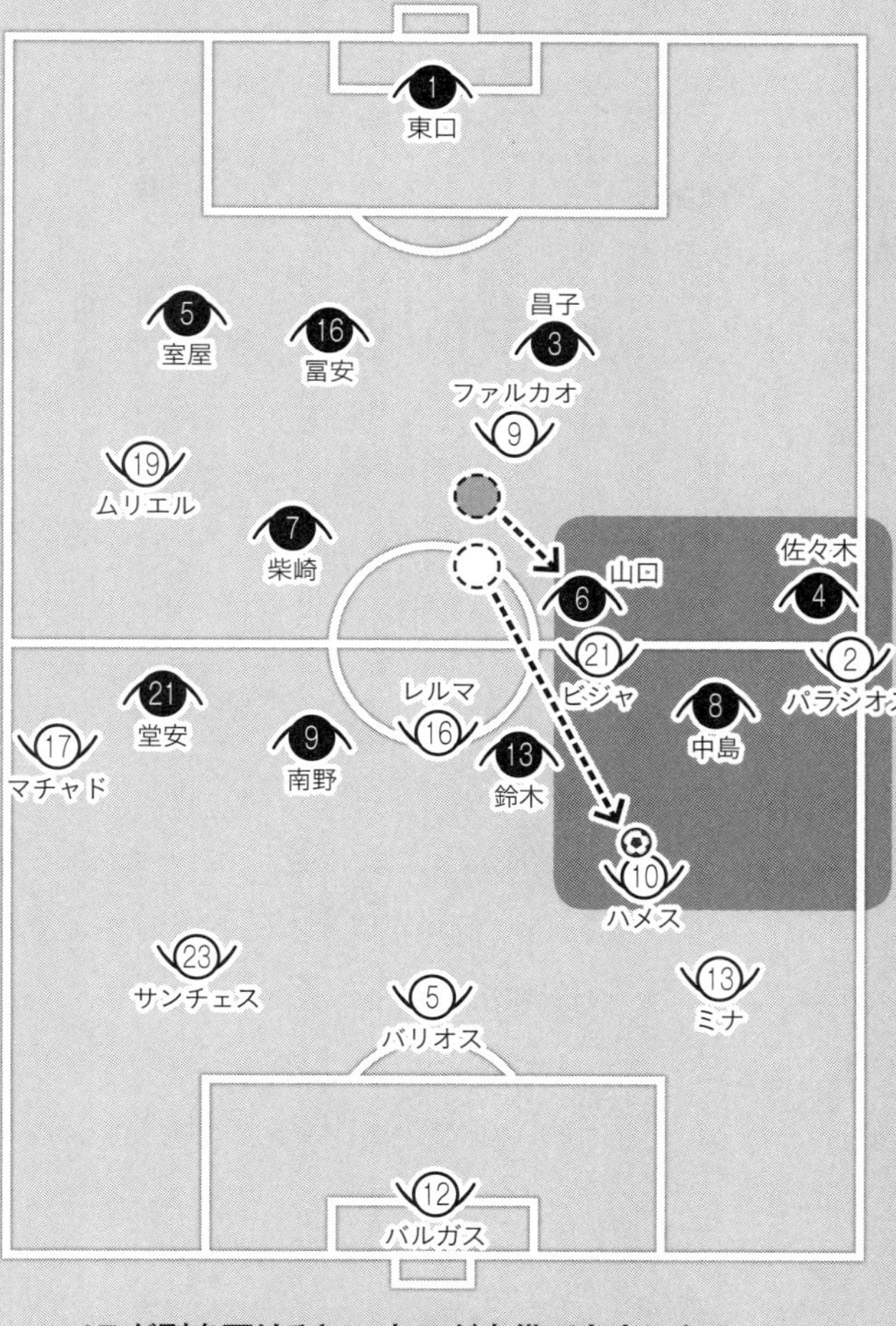

・ハメスが列を下りると、山口が守備で自由になる。

・よって、コロンビアのストロングサイドになっていたサイドをしっかりと守れるようになる。

ルが目立ち始めます。

27分にロングボールを解禁するコロンビア。ただし、精度は良くありません。右サイドにボールを入れても何も起きないコロンビアは、SBからSHというボールの循環から、サイドチェンジで一気に左SHルイス・ムリエルに届ける作戦に変更しました。しかし、試合に大きな影響を与えることはありませんでした。

30分～：じれったい前半戦

行方不明になっていたハメスはサイドに張ったり、ライン間にいたりと、最適な場所を探している様子でした。なお、柴崎の周辺にいる時に存在感を発揮していました。山口よりも柴崎のほうが相手を見る回数が少ないので、フリーになるチャンスが多かったからかもしれません。

この時間帯のコロンビアの右サイドのボール保持のパターンは、ミナからボールを受けた選手がワンツーで中島を置き去りにするくらいでした。ロングボールもやめて、日本の守備に四苦八苦する展開が続きます。その中で、コロンビアはオーソドックスな4－4－

2を試してきました。SBとSHを外に配置し、SHが使っていた内側のレーンはファルカオかハメスが使います。佐々木のポジショニングを外に追いやることで、内側を空ける作戦でした。

しかし、その変更が試合に大きな影響を与えることなく、前半は終了します。コロンビアがボールを保持して、日本がボールを奪ってカウンター、という局面が多い前半戦でした。コロンビアは移動を繰り返し試みましたが、この試合における最適解を前半のうちには見つけられていないようでした。それだけ日本の守備が優れていたといっていいでしょう。日本のカウンターは、シュートまで行けているという面では素晴らしかったです。しかし、相手のGKを焦らせるような決定機はほとんどなく、両チームともにゴールの香りはあまりしない前半戦となりました。

後半開始：4-4-2の恐怖

後半の日本のキックオフは、相手陣地へのロングボールでした。特に工夫もなかったので、ヘディングで思いっきり跳ね返されたボールは日本の陣地に戻ってきます。日本は東口まで下げますが、コロンビアのプレッシングのせいかGKから繋ぐ予定がなかったためか、最終的にはロングボールを選んでいました。日本もボールを追いかけてどこまでもプレッシングを実行したこともあって、後半の最初はボールが落ち着きません。

48分になると、コロンビアがボールを保持するようになります。つまり、前半のリピートです。しかし、前半に見せたバリオスがCBの間に下りる移動を、後半はほとんど行いませんでした。おそらく、あまり効果的でないと考えたのでしょう。ただし、フリーロールのハメスは相変わらず列を下りる移動で中島の前に現れていました。

日本のボール保持を見ていくと、コロンビアの右SBパラシオスは中島に対して、簡単に足を出さないでついていっていました。前半にドリブル突破で一人気を吐いた中島に対する警戒に、日本は佐々木の攻撃参加で中島をサポートします。前半は右SB室屋成のサイドの攻撃ばかり目立ちましたが、このような変更は相手の目先を変え、慣れを破壊するためには良い策でした。

コロンビアは前半の途中から4－4－2に変化していましたが、ビジャ→ドゥバン・サパタの交代でハメスが右SHに配置されます。この変化以降、ハメスが列を下りる場面は

図6－17

4-4-2の恐怖

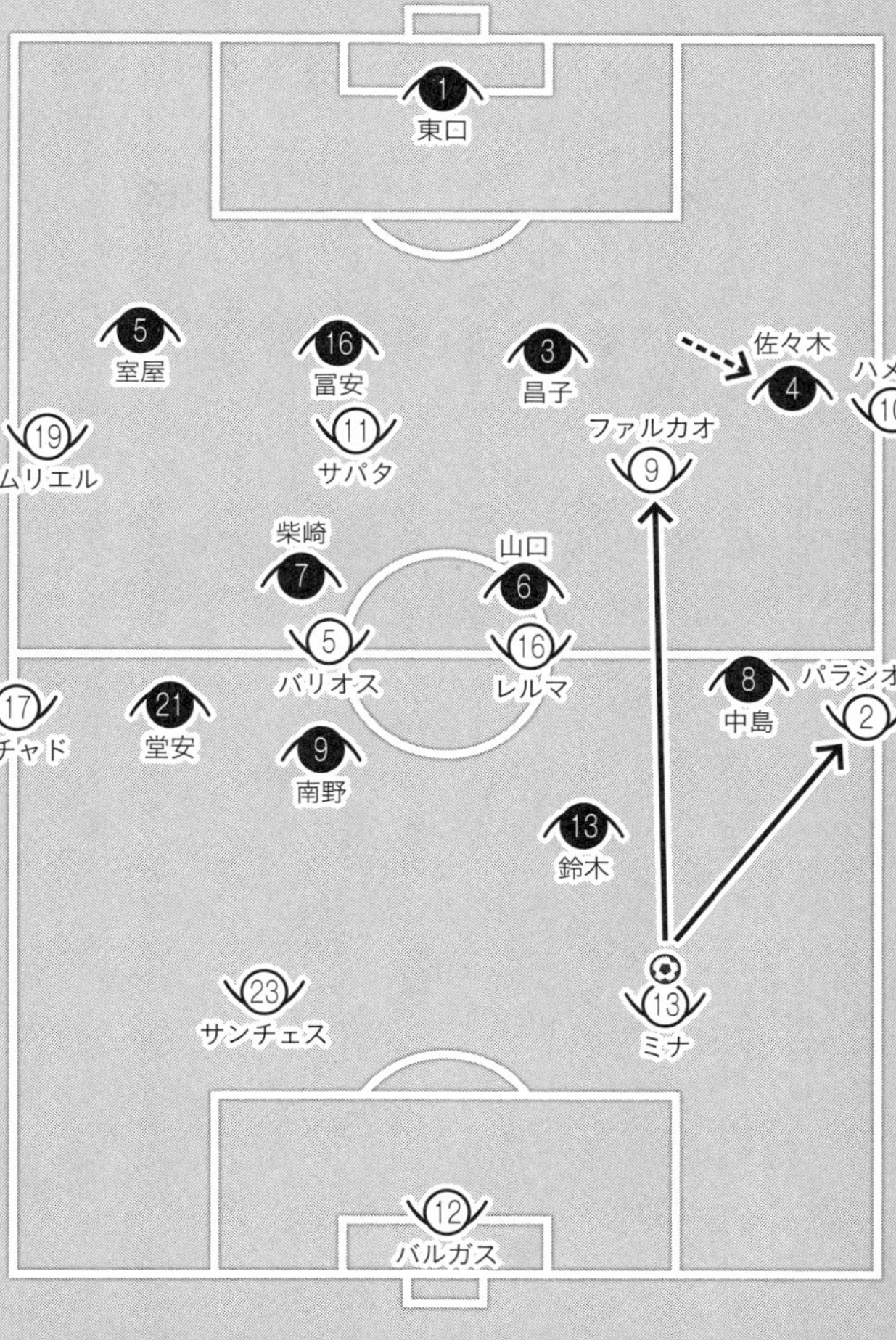

・4-4-2でSBパラシオスとSHハメスが外に配置されたことで、選手の距離を広げるしかない日本。
・内を閉めれば外からハメスが、外を警戒すれば内にファルカオとサパタという二重仕掛け。

なくなりました。代わりに、SHとSBの両方が外のレーンに配置にされました。2トップは楔《くさび》を受ける役割となります。今まではSHが内のレーンに移動し、楔のボールを受ける形が多かったのですが、このエリアでボールを受ける役割を2トップに任せ始めました。

日本のSBは、外に配置されたコロンビアのSHにピンどめされているので、中央に絞れないという現象が起き始めます。ハメスがサイドに張っているのだから、佐々木もそれを無視することはできません。サイドの選手が両方とも外に配置されたことで、コロンビアのCBからトップの選手にパスコースを作ることに成功していました。内のレーンにいる選手を佐々木や中島が警戒すれば、外に張っているハメスに簡単にボールが届いてしまう、という仕組みになっていたのです。【図6－17】

日本のボール保持の局面はどうでしょう。この試合での日本は柴崎や山口のCBの間に下りる動きによって、ボール保持を安定させていました。というよりは、3バックに対しては2トップでプレッシングに来られないよね？　という駆け引きをコロンビアとしている形です。

もともと日本は、配置が整理された状態でも、2枚のCBに2トップをぶつけられると不安定になってしまうのが弱点です。整理されていない状況ならばいうまでもありません。2枚のCBが、お互いに内のレーンに配置されたくらいの距離でパス交換ができれば、相手の2トップの距離を広げることができます。その場合は、この試合での柴崎のようにCHがCBの間に下りることなく、2トップの中間ポジションを取ることで、相手と駆け引きができます。しかし、日本のCBはお互いの距離がどうしても近くなってしまい、この試合ではボールを効果的に運ぶことができませんでした。

ボールを奪っても、一度ボールを下げてからのビルドアップに失敗し、コロンビアにボールを渡してしまうCB昌子源。そんな日本のビルドアップミスからの結末は、ハンドで与えてしまったコロンビアのPKでした。ファルカオが決めて、64分にコロンビアが先制します。

64分～：転換した局面

スコアの変化によって、日本はコロンビアがボールを保持する時間を減らす必要が生じます。つまり、ボールを奪いに行かなければならず、自分たちがボールを保持して攻撃を仕掛けなければなりません。コロンビアからしても、無理にボールを保持するよりも、しっかり整理された状態で相手のボール保持を迎え撃ちたい。そんな両チームの思惑が相まって、局面の転換が起きます。コロンビアのボール保持から日本のボール保持、日本のカウンターからコロンビアのカウンターと局面が逆転しました。

リードしてからのコロンビアは、ロングボールが中心となりました。無理にボールを保持しません。それにもかかわらず、ボールを奪えない日本はファウルを連発します。試合終了までの時間を上手く消化していくコロンビアに対して、日本は香川、乾貴士、小林祐希と交代選手が次から次へと登場します。

日本のボール保持の配置は、中央に人が集まってくる形が継続されていました。しかし、ゴール前は最も時間とスペースがないエリアです。さらに、ボールを保持するチームの選手が集まってくれば、ボール非保持の選手たちも、もちろん集まってきます。となれば、ゴール前に人が密集する形となり、時間とスペースはさらになくなる、という悪循環が発生します。

それでも、高速ワンツーや即興のコンビネーションが炸裂するとゴールに迫れる日本でしたが、この試合では個々の役割がさらに曖昧でした。例えば、途中から出場した香川が中盤に下りてボールをサイドに展開していました。もちろん、香川はそういった仕事ができる選手ですが、本来ならばゴール前に集中させてあげたいところです。しかし、ゴール前には他に人がたくさんいるという状況でした。どのように人を配置して動かし、ゴールに迫っていくかをある程度は設定しなければ、フリーダムな攻撃が結果的に各々の持ち味を減らし、効果的にゴールに迫れなくなっていくでしょう。結局日本はゴールを奪うことはできず、0－1でコロンビアの勝利に終わります。

雑感：ボール保持の改善点

コロンビアの変化が興味深い試合でした。親善試合だったこともあって、ロングボールを多少は封印し、自分たちの形を変容させながら試合を進めていきました。日本の配置に対しての変化という意味合いもあったでしょうが、いろいろな配置を試しているようにも見えました。最後の答えが、シンプルな4－4－2で移動なし、というのも非常に興味深い結論でした。

仮にコロンビアが先制しない展開だったとすれば、コロンビアの試合内容をどのように評価したら良いでしょうか。先制点を取るまでのコロンビアを思い出すと、決定機はゼロではありませんでしたが、効果的にボールを前進できていたかは疑問でした。再現性をもって相手の陣地に前進できているならば、90分間の繰り返しのなかでゴールが生まれる可能性もありますが、その観点からいえば、コロンビアの試合内容を評価することは難しいかもしれません。

しかし、この試合のコロンビアは変化をしながら、日本と対話しながら、プレーしていました。自分たちの状況を見て、ボールを保持していたから良し！　とはせずに、より良い状況を目指して変化したのはポジティブに評価すべきです。さらに、最終的な結論として、外にハメスを置くという、日本にとって最も厄介な状況にまでたどりついたのですから、立派な姿勢だったと思います。

コロンビアの変化に対して、日本の4－4－2はしっかりと守れていたほうだったと思います。カタール戦のような、配置が整理されていない状況でプレッシングをスタートする場面はほとんどなかったですし、コロンビアの移動による変化に対して、守備の基準点を明確にしながら耐えきることはできていたと思います。怪しかったのは中島のサイドくらいですが、失点に繋がりそうな場面はありませんでした。

改善しなければいけない点は、ボール保持の局面でしょう。前半はボールを奪ってからのカウンターが多かったです。良くいえば積極果敢にドリブルで仕掛け、シュートまでたどりついてはいます。しかし、内容はミドルシュートの雨あられで、エリア内からのシュートはほとんどありませんでした。もちろん、ミドルシュートもガンガン打っていくべきですが、その位置からシュートを打って、何本が入りそうか？　という確率の面から考えると、ゴールに届きそうだったミドルシュートは一体何本あったでしょうか。

そして、相手が2トップでプレッシングに来た時にどのように対応するかも、今後の課題です。この試合ではＣＨが列を下りる動きで状況改善を狙いましたが、後半にコロンビアがやめたように、列を下りる動きをすることでのデメリットもあります。それは、単純に後ろの枚数が多くなり、前の枚数が少なくなることです。攻撃の起点には、できる限りＣＢがなるべきでしょう。もちろん、後方を重たくしても、レアル・マドリーやバルセロナのようなチームは前線の選手がスペシャルすぎるので、問題はありません。中島がそのレベルまでたどりつけることを願うのも大事ですが、チーム全体でボールを前に運ぶことを意識するほうが、手遅れにはならないと感じさせる試合でした。

日本代表、今後の展望

森保監督になってからの日本代表にキャッチコピーをつけるとすれば、「積極性」となるでしょう。特に目立つプレーは、ドリブルによる仕掛けからのミドルシュートです。堂安、南野、中島と、ドリブルで仕掛けられる選手たちが自分たちの長所をいかんなく発揮しているように見えます。その長所は、ビルドアップからの展開でも、ボール奪取からのカウンターでも、チームの武器として計算されています。

この「積極性」をどのように評価すべきでしょうか。その基準は、第一に「結果（とその経過）」に求めていくでしょう。突破のドリブルとミドルシュートで試合に勝てそうなら、どんどんやるべきでしょう。そういったスペシャルな選手は、ビッグクラブには必ず存在しています。問題は、日本の選手たちがそういったスペシャルな選手に肩を並べる存在であるかどうかにあります。

例えば、ミドルシュートは簡単にはゴールに入りません。前述してきたように、シュートはできればビエルサゾーンから打ちたい。ゴールから遠ければ遠いほど、ゴールになる確率が低いのは自明です。ドリブルによる仕掛けも、自分がミドルシュートを打つためなのか、相手を引きつけるためなのか、ペナルティーエリアに侵入するためなのか、目的で意味合いは変わってきます。

もちろん、積極的なプレーは見ていて爽快感はありますが、それで勝てるのか？　という疑問点が残っていきそうです。また、堂安、南野、中島といった選手の個性に対する依存度が高いので、彼らがいるかわからないコパ・アメリカで、どのようなプレーを日本代表が見せてくれるかは非常に興味深いです。積極性を存分に発揮させるのか、それとも、突破のドリブルを得意としていない選手たちにボールを持たせるのかどうか。

ボール非保持の局面についても考えていきましょう。プレッシングも積極性が鍵になっています。ボールを追いかけてどこまでも！　の姿勢で試合に入り、ボール保持者への絶え間ないプレッシングを続けた結果、カタール戦のように守備が崩壊する可能性は今後も残っています。コロンビア戦で改善が見られはしましたが、最初にプレッシングのスイッチとなる選手と周りの連動性、そもそものプレッシングをかけ始めるラインの設定などは、今後も注目すべき点でしょう。特に南米の選手はボールを奪われないことに長けている選手が多いので、どのようにボールを奪い返せるか、ファウルばかりにならないか、という点は気になります。

また、ボールを失った後の対応も、アジアカップ全体を通じた課題となっていました。そこをしくじると、相手にカウンターのチャンスを与えることになります。それを避けるためには、ボール保持者をサポートする選手に、攻守両面の意味をもつポジショニングを取ってもらう必要があります。ボール保持者の斜め後ろに立つことで、ボール保持時にはバックパスを受けるサポートとして機能し、ボールを失った時は、最初の守備者として機能する。そんなポジショニングです。

日本が受けたカウンターの場面を見ていると、攻守両面の意味を持つポジションに選手がいない状況で、攻撃を仕掛けている場面が目立ちます。良く言えば積極的、悪く言えば、周りが見えていない判断となります。

カウンターの発動を許してしまった場合は、まずは守備の準備が悪いのか、攻撃を仕掛けるタイミングが悪いのか、それらをしっかりと見極めた上で、その次に、最初の守備者の一対一は勝てているのか、カウンターを受けた時の対応はどうなのか、と順序立てて考えていかなければ、問題の根源にはたどりつけないでしょう。日本代表はまだまだカウンターへの対応が整備されている気配がないので、今後どのように変化していくかは注目に値します。

おわりに

最後までお読みいただき、誠にありがとうございました。

サッカーの試合を見ている時、こんな体験をしたことがあります。ある瞬間にふと、今までは目に留めなかったプレーや景色が、急に色を伴って現れるのです。きっと、試合を延々と見て多くの現象を記憶するにつれ知識が増えていき、ある点を超えた時に、サッカーがまるで別のスポーツのように見えた瞬間なのでしょう。読者の皆様にも是非同じ経験をしてほしいと願い、根性で本を一冊書き終えました。

本書を書くきっかけになったのは、間違いなくブログでしょう。よって、本のトリを務めるのは、ブログとの想い出がふさわしいのではないでしょうか。なので、もう少しだけお付き合いいただければと思います。

改めて自己紹介をしますと、私は『サッカーの面白い戦術分析を心がけます』というブログでマッチレポを延々と書きながら、サッカーの指導者をしている者です。なんとなく響きが好きだからという理由で、初期のブログのアドレスはjosepgualdiolaで、ブログの著者名もjosepgualdiolaでした。しかし、グアルディオラ本人が2008年にバルセロナの監督になってしまったこともあって、「らいかーると」というよくわからない名前に改めました。その名前で本を出すことになるとは、夢にも想いませんでした。今でも意味がよくわかりません。

思い返せば、ブログを始めたのは2006年のワールドカップが終わった後でした。そうか、日本代表の惨敗がブログを始めるきっかけになったのだな！ と、勘の鋭い方は思われるかもしれません。このままだと日本のサッカーは衰退していってしまう。だからこそ、試合のレポを書くことで微力ながら日本のサッカーに貢献しようと。

…残念ながら、そんな崇高な目的を持ってブログを始めたわけではありません。今でも覚えていますが、当時私は、とっても苛ついていました。ワールドカップをまともに見られなかったことにっ！！！

サッカー関係者あるあるなのですが、就職、結婚、子供の誕生などなどライフサイクルの変化によって、サッカー人はサッカーの世界から離れていきがちです。小学生の頃からサッカーに携わってきたにもかかわらず、ライフサイクルの変化によって、当時の私は「4年に一度のワールドカップすら見られない生活なんて冗談じゃないヨ！」と、怒っていました。その怒りが炸裂した結果が、ブログのスタートでした。めちゃくちゃネガティブな動機ですいません。

ブログの初期は、リーガ・エスパニョーラが中心でした。レアル・マドリーやバルセロナは今ほどの最強感はなく、格下のチームに結果でも内容でもボコボコにされることが時々あり、そこから「持たざるチームが勝つ術」を学ぶことは、とても刺激的でした。ベルント・シュスター監督のヘタフェ、マルセリーノ監督のレクレアティーボ、ウナイ・エメリ監督のアルメリアといったチームによって繰り返される、論理的なジャイアント・キリングはサッカーの奥深さを教えてくれました。札束も大事だけれど、戦術でどうにかできる部分は確実に存在するんだなと。戦術の変化は目に見えますからね。

そして次第に、サッカーの答えはピッチに落ちていると強く実感していきました。ピッチの上での事実だけが現実なんだな、ということを確信していきます。様々なリーグの試合を見ることによって、ピッチでの多種多様な現象を記憶していくようになっていき、次第に、現象の裏側にある「なんでそうするの？」という根幹にまで踏み込んでいくことになります。

時が経ち、様々な海外リーグのレポや、文化の衝突ともいえるチャンピオンズリーグのレポを経て、時にはJリーグ、日本代表戦のレポも書いてきました。時には褒められ、時には叩かれながらもブログを続けてきた理由は、「学ぶことをやめたら教えることをやめなければならない」という言葉が指導者の世界にあるからです。現場から学ぶことはいうまでもなく、プラスアルファで何をどう学ぶか？　という点において、世界中の試合で起きていることから学ぶ！　という道を選んだ自分は、サッカーの試合を見ることをやめるわけにはいかなかったのです。

サッカーの試合を見て、現象を記憶して、という形でやっていくと、なんとなく頭でっかちになりそうですね。しかし、サッカーの現場と観戦の両輪を回すことができたこともあって、サッカーを学ぶ上では非常にバランスの良い環境が整っていきました。これが最良なのかはわかりませんが、なかなか良いものだと私は実感しています。

この本を読んで、サッカーをもっと理解したいと思った指導者の方には、試合を見て書くことを、観戦者の方には、指導したりボールを蹴ったりすることをおすすめします。サッカーをより理解できるようになることは間違いなしです。皆様是非、グラウンドに出てみてください。刺激的な毎日が待っているはずです。どこかでお待ちしています。できれば、走ってきてください。

本書の制作にあたっては、多くの方にお世話になりました。編集の高橋絢太朗様には、私のやる気があるんだかないんだかよくわからない状況から優しく寄り添っていただいただけでなく、破綻した文章の赤入れなど大変お世話になりました。おかげさまでちょっとはまともな文章になりました。デザイナー様、私のなんだかよくわからないラフを非常にわかりやすい図に修正する神業を、ありがとうございました。そして、ブログを一度でも読んでくれた皆様。皆様のアクセスがなければ、この本は間違いなく存在していません。

今後とも、時々でも遊びに来ていただければと思います。本が終わったので、今後はちゃんと更新します。現場で切磋琢磨してくれた皆様。皆様のおかげで頭でっかちにならず、絶妙なバランスを保つことができました。でも、もっと試合を見てください。第三勢力の皆様。あなたたちの尋常でない行動力は、全く行動する気のない自分にとって大いに刺激になりました。その結果がこの本です。行動力は一つの才能ですね、間違いないです。そして、ネット上のサッカー論者の方々。戦術が好きな人も嫌いな人も、皆様のつぶやきの一つ一つが私の血となり肉となっています。でも、もう少し仲良くしましょう。

ジョゼップ・グアルディオラ・イ・サラ様。リーガ・エスパニョーラの試合観戦を習慣としていた私にとって、あなたが率いるバルセロナを遠い日本からつぶさに見られたことは、非常に幸運でした。ボールを保持するという縛りのある中で、相手によって様々な配置を見せていくあなたのサッカーから学んだことは数知れません。自分たちのサッカーを実現するためには相手の視点が大切だ、というか、自分たちがプレーするために必要な情報は相手がすべて与えてくれる、だからこそ、相手も味方も視野に入れてプレーしなければならない、ということが一番の学びとなりました。試合中のほとんどのミスが、「見ていない」から起きているということを、逆説的に教わったことをよく覚えています。雨のサン・マメスでの、ビエルサ監督との対決は一生忘れないでしょう。

最後にジョゼ・マリオ・ドス・サントス・モウリーニョ・フェリックス様。マンチェスター・ユナイテッドでの日々、お疲れ様でした。データがサッカー界での存在感を増していく中で、「データよりも自分の眼のほうが大事！」というあなたの発言は、私をとても勇気づけるものでした。その発言が本書の題名になったことはいうまでもありません。どこになるかわかりませんが、新天地での活躍を心から祈っています。

2019年4月

らいかーると

らいかーると

1982年、浦和出身。とあるサッカーチームの監督。サッカー戦術分析ブログ『サッカーの面白い戦術分析を心がけます』主宰。海外サッカー、Jリーグ、日本代表戦など幅広い試合を取り上げ、ユニークな語り口で試合を分析する人気ブロガー。サッカーライターとは違う「戦術クラスタ」の最古参であり、「footballista」や「Goal.com」などに寄稿多数。本書が初の単著となる。

Twitter：@qwertyuiiopasd
ブログ：http://building-up.com

編集：高橋絢太朗
編集協力：内藤秀明

アナリシス・アイ
サッカーの面白い戦術分析の方法、教えます

二〇一九年 六月五日 初版第一刷発行
二〇二二年 一二月一八日 第四刷発行

著者 らいかーると
発行人 大村信
発行所 株式会社小学館
〒一〇一-八〇〇一 東京都千代田区一ツ橋二ノ三ノ一
電話 編集：〇三-三二三〇-五五〇九
販売：〇三-五二八一-三五五五

印刷・製本 中央精版印刷株式会社
本文DTP ためのり企画
帯デザイン 辻本有博（colorée）

Printed in Japan ISBN978-4-09-825349-4